[redacted] · Speisezimmer [redacted]

Klaus Johannes Thies

Unsichtbare Übungen

123 Phantasien

edition AZUR

Geburtsurkunde
Worauf warten Sie noch

Lee

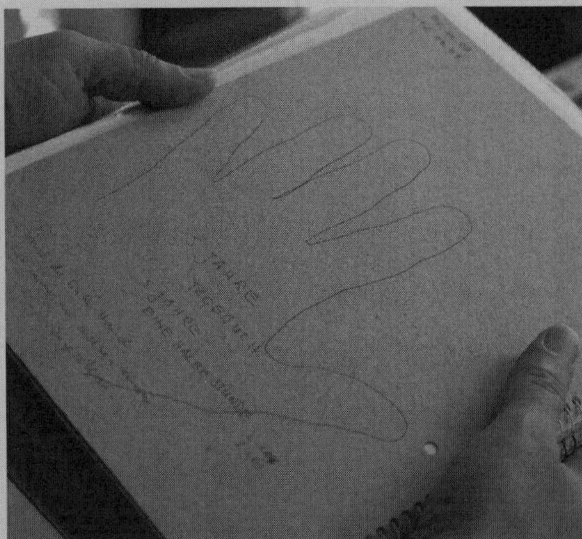

Fotografien: © Silke Hennig

Ohne Worte

An manchen Tagen gibt es etwas weniger zu sagen.
Es genügt, den Windhauch zu spüren,
der dich streift wie eine Hand, beinahe absichtslos
und wie aus Versehen.
Selten so wohl gefühlt
bis hinten in der letzten Reihe, wo jemand aufsteht
und dir seinen Platz anbietet,
obwohl der Film noch läuft.

Ein Mädchen, das mit N anfängt

Ich atme, und das Schöne ist, dass das nie aufhören wird, solange ich lebe. Und so spreche ich jeden Tag mit meinem Innenleben, meiner Seele, meiner Lunge. Nur mein Herz lasse ich in Ruhe vor sich hin schlagen, höre ihm wie einem Schlager zu, der nie aufhört, wie Rex Gildo oder so.

Früher habe ich beim Zuhören auch geraucht. Aber wer kann sich daran noch erinnern? Jetzt sitze ich auf einer kleinen Holzbank vor meinem alten Körper und denke an ein Mädchen, das mit N anfängt. Wie Neumünster oder Netto. Und so sehe ich nach vorn, auf den Vorgarten und auf die Straße, und wünsche mir, dass wenigstens zwei Mal am Tag ein Auto an mir vorbeifährt. Früher hätte es vielleicht angehalten. Aber das muss sehr lange her sein. Ach dieses fröhliche Wort »her«. Wo kommt es eigentlich her? Und was bedeutet es? Hat es sich von irgendetwas losgerissen? Hieß es ursprünglich etwa Herne. Oder Heeren-Werve?

Draußen scheint die Sonne schon wieder. Das kann ich nicht oft genug sehen, und das Gute ist, dass mir nicht langweilig wird dabei oder damit. »Sehe ich aus wie jemand, der sich langweilt?«, sagt die Hure in dem Film, von dem der 1970 geborene Tom Schulz noch nie etwas gehört haben will.

Das Interessante an den anderen

Auf dem Heimweg dachte ich, wie interessant doch die anderen sind. Die anderen sind grundsätzlich immer interessanter als ich. Und dann die Frauen erst. Die Frauen sind noch interessanter. Die interessantesten von allen. Daran denke ich ständig, dass die Frauen der anderen die interessantesten sind, neben all dem anderen Zeug, an das ich ständig denke. Sowohl auf dem Hinweg als auch auf dem Rückweg wieder. Wirklich sehr interessant, an was man da so denkt, und so lebendig.

Später saß ich auf dem Sofa. Irgendwo in der Ferne stand ein kleines Fernsehgerät, das so aussah, als ob es noch nie benutzt worden wäre. Die Landschaft darin so klar und beinahe neu und so sauber und leer mit allen Höhen und Tiefen; und man sah einen Lastkraftwagen, der versuchte, sie zu durchqueren. Immer wieder tat er das.

Und gelang es ihm ein Mal, versuchte er es gleich ein zweites Mal, ehrgeizig und unermüdlich, wie diese Lastkraftwagen sind, wenn sie einmal losgefahren sind.

Falsche Fußballübertragung

Anstatt uns anzusehen – vielleicht die letzte Chance schon – wer weiß, wie lange wir noch leben werden, starren wir ununterbrochen auf die große Leinwand, ich nach rechts – von mir aus gesehen – und du nach links – von dir aus gesehen. Auf Manchester United und Sporting Lissabon starren wir und auf die Dorade und vor uns sitzen ein paar Portugiesen, die sich auch dieses Spiel ansehen. Vielleicht denken sie, sie wären jetzt in Lissabon im Stadion und nicht in diesem portugiesischen Restaurant in Deutschland.

So ungefähr in der 60. Spielminute ist mir plötzlich aufgefallen, wie sehr mich das eigentlich langweilt, dieses Fußballspiel, so viel Langeweile kann es eigentlich gar nicht geben, und wenn wir noch länger bleiben, wird sie sich noch steigern, so groß und so hoch wie die Alpen, also bis zur Decke hin ist sie locker schon gewachsen. Bald fahre ich mit meinem Lastwagen wieder über den Tisch also über die Tischdecke und dann fahre ich mit meinem Lastwagen über den Fußboden und fahre mit ihm noch einmal mitten durch meine Kindheit hindurch und dabei entwickeln sich Auspuffgase, das sind die Raucher vor uns, und dann ist das Zimmer auch schon dunkel, sodass jemand zum Fenster gehen muss, irgendjemand muss jetzt zum Fenster gehen, damit hier wieder mal ein bisschen Luft reinkommt. Diese alte Fußballübertragungsluft muss unbedingt mit frischem Sauerstoff versorgt werden, sonst falle ich tot um.

Das Geräusch beim Fallen

Wie es sich anhört, wenn man umfällt, wenn man plötzlich stürzt, ich meine: man selbst. Bei den anderen hört sich das ja doch immer ganz anders an, irgendwie fremder, oder nicht so ehrlich. Bei mir klingt das eher dünn, ein schwaches, blechernes, enttäuschendes Geräusch, wie wenn eine Zigarettenkiste runterfällt, wie die Zigarettenkiste von Maria.

Erst dachte ich, sie selber sei von der Bank gefallen, denn als ich da hinsah, wo sie hätte sitzen müssen, war sie nicht mehr da. Aber auf dem Fußboden lag sie auch nicht. Vielleicht hatte ich zu früh auf den Fußboden gesehen, sah dann aber ihr Bier auf dem Tisch, was mich irgendwie beruhigte, denn wenn das Bier auf dem Tisch stand, konnte Maria nicht weit davon entfernt sein. Dachte dann aber auch schon wieder weiter, nämlich wie es wäre, einmal nicht zu stürzen, was das für ein Geräusch dann wäre? Jedenfalls habe ich mir erstmal vorgenommen, ohne dumpfen Aufprall auszukommen. Denn in letzter Zeit bin ich wirklich viel gefallen – so wie wir alle zum Ende unseres Lebens hin besonders leicht fallen werden, eine gewisse Sehnsucht dazu entwickeln, als könnten wir es gar nicht erwarten, wie ein Streichholz umzuknicken. Und so finden wir uns in einem Bett im Altersheim wieder, in das uns die eigenen Kinder gesteckt haben. Das geht ganz schnell, als würden alle außer uns schon darauf warten, Guten Morgen zu sagen und: »Opa, hast du schön geschlafen?« und: »Tut das Bein noch weh?« Und dann wird dein schönes Zimmer endlich renoviert und das Sofa und die Stehlampe werden aus ihrem gewohnten Zusammenhang herausgerissen – plötzlich von dir getrennt, obwohl sie die letzten 80 Jahre gut für dich gearbeitet haben. Und das alles nur, weil du so ungeschickt gewesen bist, bist du gestürzt. Besser wäre es gewesen, du hättest es vermieden. Nur dieser Aufprall war dein Zeuge, dieses kleine dünne Geräusch. Und der letzte Satz, den du im Sturz gedacht hast, war: Alles Weibliche muss angefasst werden, muss unbedingt angefasst werden, damit man es in Erinnerung behält. Sogar die alten Büstenhalter geraten noch einmal ins Schwärmen, wenn sie an diesen Drang denken, den eine alleinstehende Hand jederzeit auslösen kann. Manchmal kann man dann gar nicht mehr schlafen. Plötzlich ist man brünstig wie ne Kuh, während im Vordergrund immer noch Beethoven mit einem Orchester aus Dortmund oder aus Brüssel um die Wette gespielt wird. Und hinter dir liegt eine Blondine, irgendwo hinter dir, und wälzt sich, als sei sie verletzt, oder will nach Japan fliegen, um ein bisschen aus deinem Einflussgebiet herauszukommen.

Wir sind ganz weit von diesem Sturz jetzt abgekommen. Maria ist schon lange wieder eingetroffen.

Bei den Verwandten

Bei den Verwandten immer hinten rechts sitzen.
Nie in den Vordergrund rücken.
Lächeln und sich erbarmungslos ablichten lassen (wie ein Filmstar)
und essen und anstoßen und abwarten,
ohne Arme sozusagen,
und dann durch den Wald gehen (zur Verdauung),
auch wenn es immer bergauf geht,
und nichts im Kopf haben.
Bungalows winken mit Stille.
Eine Frau hilferufend im Gebüsch.
Die Schaffnerin mit hochtoupierten Haaren,
mir in den Mantel helfend.
Zum Geburtstag ein neues Photoalbum,
vollständig mit allen Verwandten.
Auf dem harten »Fell« einer Matratze gelegen,
so wie damals am Rande von Rijeka.
Aus dem Zelt herausgeschaut:
Wie soll man so ein Mädchen kennenlernen?

Die Mähnen der Sirenen

Auf dem Anrufbeantworter sammeln sich schon die Stimmen, die mit mir sprechen wollen. Feine Sichthüllen wären mir jetzt lieber, mit Eingriff oben. Ich dachte an meine ersten Damenkontakte – da war der Strom gleich wieder eingeschaltet. Schwachen Hausstrom gab es immer, der jederzeit anschwellen konnte – beim Anblick ihrer Mähnen, die ihnen bis zum Gürtel hinabfielen, wie Wildbäche stürzten sie sich in die Tiefe, dieses offene Haar, das aus ihren kleinen Köpfen herausflutete, geradezu sprudelte, wie eine blonde Alpenquelle.

Sah ständig nach hinten, weil sich ihre Mähnen immer hinten befanden, nach hinten geworfen, wie Heu, als wollte man sie wegwerfen (und dann suchten sie sich schon wieder händeringend einen neuen Spielgefährten, der in ihrem Haarwurf herumwühlen durfte, in dieser einzigartigen Documenta-Konstruktion.) Und dann blies der Wind noch rücksichtslos und wild in diese Kunst hinein.

Okay. Was mag das gewesen sein, was uns daran interessierte, was uns kaputt machte? Irgendwann haben sie dann doch wieder mit uns Schluss gemacht, als wollten sie die langen Haare ganz allein für sich behalten und verwalten. Obwohl sie das alles doch nur wild wachsen ließen. Sie mussten nicht mal ihre Haare jeden Tag waschen und föhnen oder wie eine Geranienstaude begießen. Gingen jeden Tag über den Schulhof – und hinter ihnen gingen ihre Mähnen im gleichen Schritt, wie selbstständige Wesen, schaukelten sanft und zitterten bei jeder Erschütterung, hätten sich vielleicht noch eine kleine Deutschlandfahne oder eine Antenne ins Haar stecken können.

Heute Morgen sah ich solch eine nicht zu bändigende Frisur. Münzen steckte sie in eine Parkplatzuhr. Ging dann noch mal zu ihrem Auto zurück, wie in einem Beckettstück, um den Parkschein zu platzieren, und dann kam sie mit ihrer komplizierten Frisur wieder zurück. Ich hätte für sie Harfe spielen sollen.

Okay, auf Wiedersehen und wieder von vorn.

Waschbecken mit Wasser

Im Badezimmer wird das Waschbecken mit Wasser gefüllt. Und dann wird es wieder freigelassen. Und dann wird es wieder aufgefüllt. Und heute ist der erste September.

Und dann muss ich immer an den Einmarsch denken, an Polen also und an Hitler, an den Überfall. Und dass mein Vater dabei war und mitgemacht hat. Was hat er gemacht? Und ich bin einer dieser Söhne dieses mitgemachten Mannes, der immer daran denken muss. Am ersten September. Auch wenn meine Schwägerin heute Geburtstag hat. Aber der Einmarsch ist stärker, hat mich besetzt. Das Telefon ist auf Fax umgestellt. Und so hört man nur die Faxsignale, die sich so anhören, als würde jemand eine verschlüsselte Botschaft nach Warschau absetzen. Unter der Dusche stieß ich auf den Finanzbeamten, den ich gestern angerufen hatte, um ihn zu vertrösten wegen meiner Steuererklärung, die ich immer noch nicht abgegeben hatte. Ich bot ihm ein Stück von meiner Eierschecke an. Wie er mich anbellte, als sei Hitler selbst am Apparat. Wie ein Schüler kam ich mir jetzt wieder vor, der seine Hausaufgaben nicht gemacht hat. Und natürlich stimmte das. Und so küsste ich ihn auf die Lippen in der engen Duschkabine, zippelte an seinem kleinen Penis, seifte ihn so richtig ein, diesen Beamten, der in einem viel zu kleinen Zimmer Platz genommen hatte und auf solche Anrufe wie meinen nur zu warten schien. Vielleicht saß Franz Kafka auf der anderen Seite. Ich sah seine kleinen, gelben Hände und hörte seiner Stimme zu. Aus dem Nebenzimmer Tippgeräusche und hohe Absätze, drei vier Mal hintereinander, und dann wieder eine Stille, wie nach einem Angriff der russischen Armee; und der überall verstreute, teils noch warme deutsche Reichtum.

Ich hatte diese Sätze alle mitzuschreiben, alle hintereinander, und hinter mir stand natürlich mein Vater mit dem trockenen polnischen Blut am Kragen, das man im Waschbecken versuchte, auf schnellste Weise zu entfernen. Dabei kamen sie gut voran, bei ihrem Einmarsch. Und die Polen sollten jetzt auch die Gebühren für ihr Radio an die deutschen Anstalten abführen. Dafür deutsche Barockmusik, deutsche Choräle aus originaldeutschen Kehlen, und jeden Abend ein gemeinsames Nachtprogramm. Das wurde gleich nach Krakau und Theresienstadt übertragen und in jede Kuranstalt.

Ich schrieb dann weiter, ließ mich einfach weiter schreiben, störte mich auch nicht dabei, ließ mich auch nicht stören, begann dann langsam aufzustehen, stellte den Kalender um, stellte ihn auf den September, diesen ersten, was eigentlich nun wirklich nicht gerade meine Hauptaufgabe, sondern die von Dr. Schlüter ist.

Mit meiner Mutter im Speisewagen der Deutschen Bahn

Meine Mutter ist so klein, dass ich sie jetzt schon in die Hände nehmen kann, um mit ihr zu spielen, im Speisewagen der Deutschen Bahn, wie mit einem iPod. Auf diese Weise kürze ich mir die Zeit ab, während ihre immer länger wird, als sei es ihr vergönnt, ewig zu leben. Damit hat sie nicht gerechnet, starrt durch die Fensterscheibe nach draußen, in die Landschaft, die in Niedersachsen immer so langweilig ist, seitdem es keine Telefonmasten mehr gibt. Wenn es wenigstens dunkel wäre, oder regnen würde; auch eine Schaffnerkontrolle wäre nicht schlecht.

Ich biete ihr meine Wange an – das hat sie nicht erwartet. Ich schäle einen Apfel und schneide ihn in kleine Stücke. Sieht es nicht merkwürdig aus, wie ich meine Mutter füttere? Ob man das überhaupt darf, im Speisewagen? Und aufpassen muss ich auch, dass ich sie nachher nicht liegen lasse. Das Schlimmste, was mir passieren könnte, wenn ich meine Mutter im Speisewagen liegen lassen würde.

Bericht aus einem ungarischen Speisewagen

Gerade aus Berlin gekommen (gestern Abend). Um es ganz genau zu sagen: aus einem ungarischen Speisewagen. Alles war irgendwie angebräunt darin, in einer mir bis dahin unbekannten Farbe, und sehr gemütlich obendrein. Auch meine Eltern dürften hier noch einmal erscheinen und eine Bestellung aufgeben (für die nächste Reise). Die Tür klappte auf und zu, als könnte sie geigen. Palatschinken waren da und Süßigkeiten und Sahnen, zugegeben, relativ übertrieben. »Budweiser«, sagte jemand. Am Fenster rauschte die falsche Landschaft vorbei. Der Kellner korpulent, er sprach mehrere Sprachen relativ ähnlich. Ich las kurze Erzählungen einer Autorin, die auf den merkwürdigen Namen Hempel hört, den man eher mit Busch in Verbindung bringt. Meine Nachbarin zur Linken hatte sich heißes Wasser für einen Euro bestellt und tunkte bis beinahe Hamburg einen Teebeutel darin ein; es sah so aus, als würde er seinen Fahrtenschwimmer heute noch schaffen. Der Zug hatte Verspätung an einem kalten Mittwochabend. Ich zahlte in Forint.

Thorstener Tagesthemen

Sah da einen süßen kleinen Bildschirm, eher schon ein Schirmchen, dem ich gern auf den Mund geküsst hätte, aber er gehörte mir nicht, stand da wie ein Zinnsoldat auf der Konsole oder auf dem Schränkchen, fast so groß wie eine Puppenstube mit der neuen Bundeskanzlerin darin, die gerade den französischen Staatspräsidenten begrüßte, so wie ich Thorsten jetzt begrüßte, aber ohne Deutschlandhymne, und dann fragte sie ihn mitten im Termin, womit er seinen Kamin beheize (praktisch wie sie veranlagt ist und wissensdurstig obendrein). Als ob der Präsident das wüsste. (Weiß der König, wie die Tür aufgeht?)

Dieser schöne kleine Stummfilm lief da oben auf der Konsole oder auf dem Schränkchen, und ich hätte gern Frau Merkel noch etwas länger in der Puppenstube zugeschaut, zumal das Fernsehen jetzt weiblich ist; natürlich, das Weiche muss ein Weibchen entdeckt haben, eines Tages das unsichtbare Einsetzen des Weichen, der Wärme, der Wollust, natürlich hast du das gewusst. Alle wissen das.

Man konnte sie ausziehen, man musste es sogar tun, das Einzige, was dabei störte, die Maßstabsuntreue der Fernsehantenne (viel zu groß für uns), dazu das Knistern, das romantische Knacken des Holzes und immer dann, wenn wir nicht hinsahen, küsste der Staatspräsident der Kanzlerin direkt auf den Mund.

Auf Deutschlandbesuch

Manchmal kamen wir bis Adelshofen. Von mir aus wären wir immer weitergegangen, bis die Dörfer ausgestorben waren. Sogar im eisigen Februar haben wir diese »Russland-Spaziergänge«, wie wir sie nannten, gemacht, in den engen Zeit-Korridoren, die uns zur Verfügung standen. Und manchmal habe ich sie sogar angefasst, wie ein Gemälde, das man nicht anfassen darf.

Sehe uns just in diesem Augenblick am Rand einer Landstraße – als würde dieser Film gerade eingespielt werden – wir nähern uns einem kleinen Wald, in dem die Bäume wie Soldaten in bester Haltung stehen bleiben.

Wir salutieren und marschieren, wie der amerikanische Präsident mit seiner Gattin, stolz daran vorbei. Wir sind glücklich, auf Deutschlandbesuch, und lächeln viel dabei.

Später werden wir in einem kleinen Landgasthaus, vielleicht bei der »Sophie« in Uffenheim, eine Limonade oder, besser, einen Kaffee trinken, um uns wieder aufzuwärmen. Und dann werde ich mich von meiner Gattin – aus Sicherheitsgründen, wie es offiziell heißt – rasch verabschieden müssen.

Nur ein Zucken im Fuss

In der Küche wird ein Zwetschgenkuchen vorbereitet
(von meiner Frau).
Im Radio wird gesprochen.
Es ist Samstag. Die Sonne scheint erneut.
Morgen werden wir wieder in Polen einmarschieren,
wie immer am ersten September.
Seid unbesorgt!
Es ist nur ein Zucken im Fuß.
Wahrscheinlich ist ihm die Decke vom Körper gerutscht.
Und schon beginnt er sich zu bewegen,
marschiert durchs Treppenhaus,
als sei es ihm in der Wohnung zu eng geworden;
sucht eine neue Aufgabe,
in der er sich wieder bewähren kann,
zumal er die Karten immer noch sehr gut liest.
Am Sonntag wollen wir wieder nach Usedom fahren.
Alles also normal.
Lediglich ein bisschen zuckt es,
wie vor dem Abstoß,
den immer der Fuß besorgt.

Tischabschluss

Wie schön das doch ist, mit sich selber immer noch sprechen zu können, nach all den Jahren! Sich nicht anzuschweigen im Auto, auf der Autobahn, oder in der eigenen Wohnung; an allen vorbeifahren, sie überholen, sie nass machen, und dann irgendwo einparken, wo es nichts kostet; und dann freust du dich schon aufs Fernsehen, und dein Geburtstag ist auch bald wieder dran.

Du spuckst die Zähne aus, die letzten, die dir treu geblieben sind, und machst das Licht aus, um Strom zu sparen. »Nichts erlebt«, steht auf der letzten Seite (in deinem Tagebuch). Der Inhalt (in deinem Kopf) ist immer der gleiche geblieben, wie in einem Schwimmbassin, nur alles viel kleiner. Da schwappt nur das Wasser ein bisschen hin und her, wie immer, wenn ich etwas sage zu mir.

Wünsche an das kommende Jahr

In einem kleinen Wiking-Auto erwachen und die solide geleimte Sperrholz-Landschaft eines Kinderzimmers betrachten. Perfekt imitierte Nordmann-Tannen mit Mehl bestäubt, damit sie nicht so eine starke Wirkung in mir entfachen. Eine Gruppe von Krankenschwestern aus Hohenlohe auf hohen weißen Schuhen, aus der sich eine löst und nach vorn kommt, um mir Hustensaft einzuflößen, während ich weiter in dem kleinen Auto wie auf einem Sofa sitzenbleibe und dem Deutschlandfunk zuhöre (es ertönt gerade die Deutschlandhymne). Um ihr den Weg zu zeigen, beleuchte ich sie mit einer Taschenlampe, bis zu meinem Bett, wo sie gerne etwas länger stehenbleibt, fröstelnd an der Filterzigarette nippt, bis die Batterie keucht und ihren Geist aufgibt.

Krisenherde auf dem Kuchenblech

Auf dem Kuchenblech sieht es aus
wie in einer Landschaft im Ersten Weltkrieg,
so gut wie alles verwüstet, weggerissen und ausgebrannt,
schwarze Krusten, die man nur mit viel Geduld und warmem Wasser
einweichen und am nächsten Morgen –
auch eine Form von Gymnastik –
mit Hilfe eines Schwammes beseitigen kann,
und das ist sehr angenehm,
wenn das alles endlich dann verschwunden ist,
und wir beginnen können mit dem Wiederaufbauprogramm.
Blühende Landschaften könnten entstehen,
wenn wir auf Helmut Kohl hören würden,
neue rote Dächer und die Frauen ganz natürlich
und mit Röcken und mit schwarzen Nylonstrümpfen
und am Abend ins Theater
und vergiss nicht den Herd auszuschalten,
damit es nicht schon wieder eine Katastrophe gibt,
wenn ihr nach Hause kommt
und schon im Flur der Qualm von den Einschlägen
auf der Krim oder bei Odessa,
oder gibt es wieder neue Krisenherde
seit dem Koreakrieg
haben erstmals wieder staatlich organisierte Familientreffen
stattgefunden, lesen wir dann 50 Jahre später in der Zeitung.

Ich erinnere mich an unsere Garderobe im Flur

wo die Gäste ihre Mäntel auszogen oder man sie ihnen abnahm, ihnen half, aus ihnen herauszukommen, wie aus einem Menschen, den man abschütteln wollte. Mit den Hüten ging es leichter. Die lagen dann friedlich und still oben auf der Ablage. Und ich habe immer gern zugesehen dabei: Diese schönen Sachen, die sie dabei sagten, die Begrüßungen, die nicht enden wollten, die mir immer wieder gefielen, waren schöner als ihre Frisuren, diese sorgfältigen Aufbauten, und dann sind sie langsam nach vorn geführt worden, sind sie in die besseren Räume gebracht worden, die auch so liebevoll beheizt und beleuchtet wurden; und noch heute erscheint es mir manchmal, als würde man da vorn noch einen Ausschnitt aus einem Brahms hören oder Mozart natürlich.

Die Farbe des Fernsehgerätes

Man kann es mit Worten eigentlich gar nicht begreiflich machen – das ist wie mit einer Salbe bestrichen worden zu sein, diese Stille, die mich umarmt, mich und die ganze Wohnung zugleich, nachdem Halena gewischt hat und der Staubsauger sich austoben durfte – als seien da drei Kinder in der Wohnung gewesen, und jetzt ist alles wie tot. Ein leises Ticken im Hintergrund, weil Uhren immer sprechen müssen; und dann gibt es noch mich, oder selbst ich bin von der Stille geschluckt worden, wie ein Zitronenbonbon.

Mit meiner Mutter habe ich Halma gespielt. In diesem Jahr wird sie hundert werden. Hätte sie werden können, wenn sie gewollt hätte; wenn sie sich ein bisschen mehr Mühe gegeben hätte, hätten wir heute Nachmittag zusammen Kaffee trinken können mit Ernst Jünger und dann die Bundesliga, und sie wäre an ihrem Schrank vorbeigeschritten und hätte sich darin ein wenig spiegeln können, ihre Hüfte ein wenig hin und her wippen lassen können, einen Tanz andeuten, bevor sie durch die Tapetentür wieder entflohen wäre mit fliegenden Rockschößen, unser kleines Geheimnis, das wir jetzt neuerdings teilen, unser ewiges Präsens, das so einfach zu handhaben ist wie eine Glühbirne, die man in die Fassung schrauben kann. Dazu bedarf es keines Talents und siehe da: Es kommt gleich wieder Farbe ins Zimmer, als ob jemand das Fernsehgerät (die ganze Nacht über) angelassen hat.

Weiterbildung für Torhüter

Bei einer Weiterbildung für Torhüter mich mit einem Torhüter angefreundet. Hatte nicht mehr sehr viele Haare auf dem Kopf, wie Bobby Charlton. Kam aus England oder aus Schottland. Hätte auch Wales sein können. Hatte sogar einen roten Doppeldecker mitgebracht, mit dem wir spielen konnten. Zeigte mir, wie gut er fangen konnte: Kugelschreiber und Manschettenknöpfe. Selbst Radiergummis und Stubenfliegen bereiteten ihm keine Probleme. Von mir wusste ich schon, warum ich das nicht wiederholen musste. »Sind Sie immer noch aktiv«, fragte er mich, als wir wieder in das Haus eintraten, wo das Seminar gegeben wurde. Man beschäftigte sich mit 'nem Thema, das nie enden wollte: hohe Flanken, Kopfball, angeschnitten, Abschlag oder Einwurf. Als ich ihn dann fragte, für welchen Verein er spielen würde, holte er 'nen Zettel raus, der aussah wie 'ne Eintrittskarte. Zwei Worte standen darauf, die ich nicht entziffern konnte. Vorn, an der Tafel, der Mann, guckte schon so in die Reihe, in der wir beide saßen. Zwei teilnehmende Torhüter, die darauf aus waren, etwas zu fangen, das allein durch die Luft fliegen konnte. Draußen der Doppeldecker. So schön und unbenutzt. Das Problem bei Träumen ist, dass sie unvollständig geträumt werden. Man verliert unterwegs viel, wenn nicht das meiste, bis zum Badezimmer. Der Weg dorthin ist zu weit. Man möchte einen kürzeren benutzen.

Sanfte BV-Selm-Gedanken

Sanfte BV-Selm-Gedanken, in deren Mitte ich heute Morgen erwachte. Plötzlich war der Name wieder da, und er stand noch immer auf dem zweiten Platz, gleich hinter der Germania aus Datteln. Es gelang mir, die Tipp-Kick-Meisterschaft gegen den haushohen Favoriten, AC Mailand, zu gewinnen. Filippo Inzaghi ließ es sich nicht nehmen, über meinen Kopf zu streichen, um mir zu gratulieren. Lauter schöne Männer um mich herum mit nassen, glänzenden Frisuren, und ich so locker wie sonst nie: mit tänzelnden Bewegungen, die ich kaum bändigen konnte. Morgen wird das schlimmen Muskelkater geben.

Heute Nacht spielte sich das alles ab. Nach langer Abstinenz wieder an den BV Selm gedacht. Plötzlich war die Mannschaft wieder da, wie aus der Versenkung erschienen, und dann habe ich mich tief gebückt und den alten Fußboden betrachtet und die Staubmäuse in die Flucht geschlagen und mich gefragt, wo liegt das eigentlich, dieses Selm? Gibt es das überhaupt, oder ist es ein Phantasiegebilde, das jetzt mit mir Cha-Cha tanzen will?

Darum denke ich jetzt noch ein bisschen länger an das Selm und an seinen Ballverein, obwohl man nicht sicher sein kann, ob er überhaupt noch existiert. Es bereitet mir ein stilles, abgeschirmtes Vergnügen, daran zu denken, wie mir überhaupt das Denken in dieser Wohnung an Selm außerordentlich gefällt. Von der einen Seite scheint die Sonne süß wie Akazienhonig in die großen Zimmer hinein – kommt kaum bis zur Decke – und scheint zur anderen Seite schon wieder hinaus, während hinten im Schlafzimmer und im Badezimmer gelüftet wird, gleichzeitig. »Auch die alten Bilder brauchen frische Luft«, sagt meine Frau.

Unter der Dusche war der Name gleich wieder da: BV Selm. Er war schon wieder auf den zweiten Platz geklettert, gleich hinter Germania Datteln, und dann hatte ich auch noch die Shampoo-

Flasche in den Armen, die mit mir kicken wollte, die mich richtig rannehmen, mich konjugieren wollte, auch wenn sich dann herausstellte, dass es Tante Selma war, oder das Gerüst von Tante Selma, in dem sich meine Frau versteckt und verschanzt hatte. Meine Frau, die ich bewundert habe, ob dieser Raffinesse, mit der sie mich überrumpelte, und irgendwie bin ich noch jetzt überrascht, wo sie die Schablone längst wieder in die Besenkammer gestellt hat.

Der BV Selm – da ist er, greift schon wieder an. Der BV Selm in der Verbandsliga Gruppe I, der den Ball gemächlich nach vorne treibt, als verfügte er jetzt über meine Jugendzeit.

PS:
Heute Morgen, da fiel's mir wieder ein: Es gibt ihn, ja, es gibt den BV Selm. So wahr, wie es die Germania aus Datteln und den BV Brambauer gibt. So wahr, wie es diesen Parkplatz gibt, vor meinem Fenster, und Frau Erdmann, die gerade wieder mit ihren hohen Schuhen in der Filiale der Commerzbank vor den Schließfächern erschienen ist. Eine Rückholaktion, gewiss. So wahr, wie dieser Satz ist. Und zuletzt, wie immer, die winkenden Hände, auch wenn sie immer öfter sich verwinken, weil irgendjemand nicht gekommen ist.

Die Hand von Milutin Šoškić

Milutin Šoškić hat mir die Hand gegeben. Sie war unglaublich weich, war warm, so warm wie Asche und knisterte wie Pergamentpapier. Ich hätte in dieser Hand wohnen können, als Küken sozusagen wäre ich gern in dieser Hand aufgewachsen, in dieser erfahrenen Torwarthand, die so viele Bälle schon gehalten hatte.

Er spielte in unserer kleinen verwinkelten Wohnung für seinen alten Verein, Partizan Belgrad; es war nicht leicht für ihn, den Abschlag aus der Hand zu machen, weil der Ball jedes mal gegen die Decke sprang. Also öffnete er vorsichtig die Wohnzimmertür, denn man kann nie wissen: Vielleicht begegnete man plötzlich einem gegnerischen Spieler, der sich in unsere Wohnung geschlichen hatte und mit den Kleidern meiner Schwester spielte; womöglich gar ein falscher Mittelstürmer.

Aber da war nur Šoškić, mein altes Torwartidol, stand immer noch im Tor, als ob sie ihn vergessen hatten vom Spielfeld zu nehmen, trug eine Schirmmütze gegen die tiefstehende Sonne und sah sich in der Wohnung meiner Eltern um. Vielleicht hätte er sich sogar ans Klavier gesetzt, oder mit uns zu Mittag gegessen, wenn wir ihn darum gebeten hätten.

Seit 1955 stand er ununterbrochen im Tor, auch während der Weltmeisterschaft in Chile, und nie wird man erfahren, wie lange er noch spielen möchte.

Milutin Šoškić, mein Lieblingstorwart, hat mir die Hand gegeben. Ich hatte nur eine dünne Sommerhose an und befürchtete, wenn ich mich auf den Ball werfen müsste, dass ich dann ein Loch auf Kniehöhe bekäme und anschließend Probleme mit meiner Mutter. Aber Šoškić wäre nicht Šoškić, hätte er nicht die Taschen voll mit Torwarthosen, wenn auch nur in dieser typischen Balkanmode: völlig ohne Linie, als stünde man in einem Sack – so muss ich ausgesehen haben, als ich sie dann in der Halbzeitpause angezogen hatte. So würde sich nie eine kleine Mädchen-Aufmerksamkeit an meinem Oberarm einhaken, selbst wenn wir das Spiel deutlich gewinnen würden.

Aber vielleicht war das gar nicht Šoškićs Hand, vielleicht war das nur sein Handschuh, mit dem er mir freundlich zugewunken hatte, direkt in mein Fernsehgerät hinein, in dem immer die Schwarz-Weiß-Gestreiften von Partizan Belgrad gewinnen. Dank Šoškić. In seiner Hand wäre ich gern zusammen mit dem Handschuh aufgewachsen, in dem ich meine Kindheit hätte verbringen können. Selten mich so beschützt gefühlt, so warm und nachgiebig war diese Hand, die jetzt zu bröseln begann, langsam auseinander fiel, wie in Zeitlupe, und immer noch knisterte, wie Butterbrotpapier. Um sie zu schonen, legte er sie oft jetzt in die Badewanne und ließ sie mit einer gelben Ente spielen. So jedenfalls stelle ich mir seine Hand vor. Von innen könnte sie so aussehen, wenn ich in der Lage wäre, sie wahrzunehmen, verschwommen sozusagen, von ganz weit hinten aufgenommen, denn manchmal kann es Tage dauern, bis jemand seinen Strafraum im Müngersdorfer Stadion erreicht.

Aber meistens war es absolut still. Ein bisschen Sonne. Eine leichte Brise. Ein paar Bäume umrahmten das Spielfeld und den Wunsch, im Tor stehen zu können. Und immer wieder diese Entdeckung: Das ist alles. Das war's.

Die Torwarthandschuhe haben länger durchgehalten, als wir dachten. Und nur ein alter Torwart schlurft noch hin und wieder durch die Straßen, als würde er auf seine Vertragsverlängerung warten.

Kölnisch Fieber

Wenn ich Butter wäre, würde ich jetzt schnell wieder in den Kühlschrank schlüpfen. Vielleicht gibt es auch ein Nachthemd oder eine Art Liege darin, und vielleicht werden hier auch meine Knie gekühlt und die schwarze Tafel Herrenschokolade – wegen des Fiebers würde ich mich jetzt durchaus auch direkt ins Eisfach überweisen lassen. Du musst nur die Tür zumachen. Wenn du die Tür zumachst, ist es auch gleich dunkel darin, und ich kann schlafen, schlafen neben den Joghurtgläsern und dem Teebeutel, der sich hier verirrt haben wird, sicher hat er auch ein bisschen Fieber von mir abgekriegt. Manchmal rülpst der Schrank aus seinem Innersten profund wie ein Berliner Prolo auf, oder ist er schon auf dem erleuchten Pfad der Erkenntnis angekommen?

Vor mir steht Orangensaft aus Benedetto und lächelt wie eine künstliche Hüfte, vielleicht ist er ebenfalls krank.

Wie unbequem ist es für einen schweren Menschen wie mich, im Gemüsefach übernachten zu müssen, welch eine Belastungsprobe für den Rücken, und das alles ist mit einer gehörigen Geruchsbelästigung dank einer Portion Ziegenkäse verbunden. Über mir steht die Erdbeermarmelade – ich denke an Diät, ganz allgemein, und wie viel Fett der Mensch verträgt auf seinem eigenen Hoheitsgebiet – in einer Kühlschrankkabine? Ich denke an die Reste Pinot Grigio, die mir immer wieder angeboten werden.

Jetzt darf man, nach einer letzten Liebkosung, sich auch dem Bett zuwenden, das, auf weißem Untergrund, sich leise hin- und herbewegt. Träume dann irgendwann von einer durchgeschwitzten Schaufensterpuppe, die auf den Namen Nicole hört und viel zu viele Sachen trägt. Was da alles durchschimmeln könnte, wenn sie sich nicht ständig hin- und herbewegen würde, und zum Schluss verfolge ich die Spur von einem Stiefelpärchen, das versucht, vor mir wegzurennen.

Warum? Ein wirklich ganz apartes Pärchen, das stets nach vorne drängt. Könnte man dran riechen, wenn man will, in Köln, wo ich mit hohem Fieber (auf dem Teppich) liege.

Unsichtbare Übungen

Wie viele Süßigkeiten man da hineinstecken könnte oder herausholen, auch alte schwarze Winterröcke, denen es gut täte, wenn man sie mal (richtig) durchlüften würde, all das – und immer noch eine Wiederholung davon.

Am schönsten war es (und ist es immer noch), einfach so draufloszuatmen, und hinterherzulaufen, als könntest du sie noch vor der Hecke erwischen.

Abends am Tisch dann, oder auch am offenen Fenster, langsam so dahintreiben, wie Holz im Wasser, fast wie beim Brustschwimmen, mit den Brüsten nach unten, im Wasser versunken, schon beinahe ertrunken, das Unsichtbare, das uns an dieser Übung am stärksten interessiert. Danach könnte man es wieder in die Ecke schieben. Manchmal denke ich dabei an junge Japanerinnen, die in der Lage sind, bis über die Knie in ihren Stiefeln zu verschwinden. Als könnte man sich dabei übernehmen.

Zuletzt bleibt ein starkes Neonlicht in Erinnerung, im Stockwerk über uns, und Geräusche von klopfenden Maschinen, als würde Gott seine Instrumente testen.

Abend mit Huhn und Haydn

Abend mit Huhn und Haydn unterlegt und von hinten sah man ihre weißen Stiefel aus dieser ungerechten Perspektive, wie sie da vor uns übern Schulhof ging, ihre O-Beine wie eine unbequeme Gasleitung durch die Ukraine, und dazu trug sie Kunert-Feinstrumpfhosen. 33 Mal möchte ich mir das ansehen, sollte vielleicht auch noch das Grußwort dazu schreiben, eines Tages, wenn das herauskommt, wie sich das anfühlen könnte, wenn man das sieht, im Morgengrauen, und ihre Eltern hatten das Geld unter der Matratze versteckt.

Heute ist es endlich wieder fast palermowarm (schon fast wie Perlonstrümpfe). Ich kaufe mir die Montagszeitung, die F.A.Z., und unterlege den Morgen mit Cellomusik. Haydn, hysterisch hauptsächlich – und unsere Stofftiere hören andächtig mit.

Tanztee

Wie beim Tanztee saß ich da,
so wie sitzengelassen,
wie eine Volontärin mit strammen Oberschenkeln
auf einem unbequemen Stuhl,
und fühlte mich so schal
wie das Glas von einem Beck's-Bier-Trinker an.

Das Tanzen hatte sich von mir entfernt
und würde sich noch weiter von mir fernen.
Nur diese Diskokugel drehte sich,
so sinnlos wie ein Sputnik, um sich selbst.

Da drunter saß ich.
In weiter Ferne Menschen, kleine Gruppen,
die sich von Zigaretten und vom roten Licht ernährten.
Ich wanderte und klapperte mit meinen Augen
alle Tische und die Wände ab.
Es fiel mir überraschend leicht, jetzt aufzustehen und
zu winken.

- Frost -

Ging durch die Knaackstraße (was für ein unangenehm klingender Name!), durch die Käthe-Kollwitz-Straße, besuchte die gleichnamige Buchhandlung. Um an die Lyrik-Abteilung zu kommen, musste ich mich, wie ein Automechaniker, auf den Fußboden legen bzw. mich hinknien und noch tiefer beugen, demütig, wie in der Kirche, sonst hätte ich Robert Frost nie entdeckt. Ich kaufte ihn wegen eines Gedichtes, oder sagen wir zwei. In dem einen konnte er sich nicht entscheiden, welchen Weg er nehmen wollte oder sollte. Es war eine dieser berüchtigten Weggabelungen, und es gab nur eine Entscheidung: links, oder gehe ich rechts. Und im Grunde genommen gingen beide Richtungen in die falsche Richtung, glaube ich, obwohl ich jetzt vergessen habe, wofür sich die Figur in dem Frost-Gedicht entschieden hat. Vielleicht hat sie etwas abgewartet und geguckt, was die anderen machen, sofern jemals jemand kommen würde. So hätte ich es wahrscheinlich gemacht. Das andere Gedicht gefiel mir noch mehr. Darin macht ein Mann (wahrscheinlich in meinem Alter) einen winterlichen Abendspaziergang. Sieht dabei in die erleuchteten Fenster und glaubt, dass die Leute da drinnen im Grunde genommen zu ihm gehören, zumal ja niemand da war, da draußen, der mit ihm sprach. Also nahm er sich die Leute aus den erleuchteten Zimmern, pflückte sie wie Blumen, »so ging ich in Gesellschaft raus«, schreibt er – bis es keine Häuser mehr gab, der Ort zuende war, dann kehrte er »reuig«, wie es heißt, um – und jetzt sah er plötzlich nur schwarze Fenster und hörte dem Knirschen seiner Schritte zu; ganz anders nahm ich das jetzt auf dem Rückweg wahr, eine neue Perspektive – und das alles »um zehn an einem Winterabend« in Amerika, wo ich noch nie gewesen bin. »Good Hours« lautet der Titel dieses Gedichts, das seine 17 Euro allemal wieder eingespielt hat. Ich bedankte mich dafür, ging an die Kasse zu dem Mann, der sich fast pausenlos räusperte, und zahlte. Buchhändler sprechen leider sehr wenig.

edition suhrkamp

Dass sie schon in der Tonlage vor Sinnbeginn zu überzeugen vermögen, sodass man sie lesen und gleichzeitig verstehen kann, die wenigen Sätze, die zu meinen Texten gehören, die, weil sie so übersichtlich wie Landkarten sind, man auch gut umzäunen kann. ›Vorsicht bissiger Hund‹ hängt man als Schild daran, das ist in Deutschland so üblich, solange Hunde noch vorrätig sind und bereit, den Suhrkamp Verlag zu bewachen, die edition ganz speziell, auf die es mir ankam, auf die ich es abgesehen hatte. Die Regenbogenfarben bei ›Phönix‹ in Bielefeld mit meiner Schwester, wie das aussah, das sah wirklich klasse aus, wenn sie mit ihren pechschwarzen Haaren vor der edition stand, vor diesem Bücherregal in der Buchhandlung ›Phönix‹, schon immer eigentlich, solange ich denken kann, würde ich mir das noch einmal anschauen wollen wie einen alten Tierfilm, zwei, drei Minuten davon, wie die Spitze einer Käsesahnetorte, wenn sie dann in meinem Schlund verschwunden ist und schmilzt, ist alles wieder in Ordnung.

Sie können weitergehen. Hier gibt es nichts mehr zu sehen.

0 RH positiv

Aus meiner kleinen Kaffeemaschine steigt Dampf
wie aus der Thyssenhütte in Duisburg.
Eine alte Lokomotive könnte nicht mehr Dampf ablassen
und das alles nur,
weil ich die Milch heiß gemacht habe.

Diesen Moment müsste man einmal photographieren:
meine Hände und die Maschine,
wie das alles im Nebel verschwindet.
Null Rhesus positiv,
dachte ich,
das war ich.

Lied für ein alleinstehendes Gebüsch

Muss es nicht traurig sein, im Winter immer in der leeren Landschaft zu stehen, ohne Kaschmirschal und andere Hilfsmittel, die jedem Hals ein warmes Wonnebett verschaffen?

Wie will man je zu seinem inneren Frieden gelangen, solange man in der Natur das Geräusch einer italienischen Kaffeemaschine vermisst?

Wo sind sie, die großen erregenden Momente, wenn es das Warme nicht gibt, diesen Begriff: die Badewanne, oder: das Fernsehgerät, das wie ein vielfarbiges Lagerfeuer allabendlich umlagert wird?

Welches Gebüsch hat jemals den Geruch von Sebamed kennengelernt?

Welchem Gebüsch ward je das Glück beschieden, sein Blätterkleid unbemerkt unter eine Dusche zu bringen?

Wie gut hatten es dagegen seine Vorfahren! In den kalten ostpreußischen Wintermonaten haben sie sich auf dem Sofa Photoalben angesehen und hörten dazu das knisternde Geräusch fallender Blätter auf einer LP. Die wussten noch, wie man einen sowjetischen Schallplattenspieler richtig bedient! Die waren noch in der Lage, sich gegenseitig etwas vorzulesen, Puschkin oder etwas Kurzatmiges von Hemingway.

Für morgen habe ich mir vorgenommen, ein Lied für meine Nachttischlampe zu komponieren.

Blues am Blumenstand

Eigentlich trug sie einen langen Rock, der auch bei längerer Betrachtung an seinem Maß festhielt. Nur wenn sie sich bewegte – und ab und an tat sie das – konnte man etwas sehen, etwas mehr als den Rock, was irgendwie irritierte, zumal es immer nur ein bisschen war, was man sah, und dann sah man auch gleich wieder nichts – das ganze Nichts und dann wieder einen Schlitz, der gewissenlos und ungeschützt das linke Bein bis zum Halsansatz freilegte.

Natürlich dachte man sofort an die Kälte, die es nun wirklich leicht hatte, einzudringen, andererseits aber auch die Erotik; und die eine stieg ein, und die andere stürzte heraus, denn beide waren sich offensichtlich nicht einig, wer hier der Hausherr war, und es war auch nicht zu erkennen, wen sie von beiden bevorzugte und was sie dafür in Kauf nahm, da am Blumenstand, wo sie jetzt an der Reihe war, um sich für eine Sorte zu entscheiden.

Tilsiter Tango

Früher einmal, oder noch früher, war Deutschland in Tilsit zu Ende. (Als würde da jemand ein Schild hochheben). Das klingt wie ein Märchen: die Memel, die Milchkanne, die meine Mutter als Mädchen wie eine weiße Laterne über die Königin-Luisen-Brücke transportierte, die Elche dahinter, der Heuwagen, das Haff, die Kurische Nehrung, manchmal schwebe ich selbst über der Stadt wie ein Ballon, den ein sentimentaler Mäzen für mich und meine Geschwister finanziert hat. Und dann kehren wir wieder nach Tarmstedt oder Traunstein zurück und setzen uns wie in Trance vor die abgekühlten Fernsehgeräte.

Im Tiefnebel haben wir die Ruinen von Auschwitz gesehen. Wir waren in Rom und in Athen hat Helena den Fußboden gewischt. Davon hat sie warme Hände gekriegt, mit denen sie mich anfasst (»nichts hält so warm wie eine Frauenhand«, Zola), als wollte sie mich zurückholen in die Nähe ihrer schwanenweißen Waschmaschine, die uns die Wäsche wäscht, die sie weiß macht, so richtig weiß wie Milch, die wir verbraucht haben über das Wochenende.

Der Schneesturm ist weitergezogen ohne eine nennenswerte Spur zu hinterlassen. Ich bin von der Fahrt müde geworden, als hätte ich zu viel erlebt. Ich hefte Tilsit ab, lege einen zarten Mozart auf und lehne mich leise zurück.

Das Muster von Tante Erna im Flur

Standen da zu viert im Flur, in dem ich aufgewachsen bin, mit diesen wunderbaren Tapetenmotiven, die meine Mutter für uns ausgesucht hat, extra für uns (einer muss die Verantwortung übernehmen). Man sieht sogar die Kuckucksuhr und mich mit freiem Oberkörper – lässig an die Wand gelehnt, stütze ich meinen Kopf ab und scheine mich dort wirklich wohlzufühlen, so unglaublich unverschämt wohl wie die Blumenarrangements auf dem Sommerkleid von Tante Erna.

Wer mag ihr dabei geholfen haben, ausgerechnet dieses Kleid auszuwählen bei so vielen Möglichkeiten, dieses ärmellose Pre-Flower-Power-Blumenkleid? Auf jeden Fall muss es ein süßer warmer Sommertag gewesen sein, den wir dort im Flur verlebten. Keiner weiß, worüber wir gesprochen haben. Wenn es »Kuckuck« macht, ist wieder eine Stunde in Bielefeld vergangen.

»Kuckuck«, sagt der Schwarzwald auch im Teutoburger Wald, »Kuckuck« Tante Erna. »Kuckuck«, sagt der Kuckuck, weil er höflich ist, auch zu ihrem Blumenleiden.

Mit Stehlampe (I)

Die Stehlampe ist noch an. Brennt noch ein bisschen nach. Die neuen Frühjahrserscheinungen werden von HERKUNFT und HEIMAT erzählen und von meinem Vater, der sagt: »Ich will noch mal ans Meer – ein letztes Mal das Meer sehen.« Das wäre ein schöner Satz für meinen Vater gewesen. Hatte die ersten zwei Worte auch schon formuliert, kam nur nicht dazu, sie auszusprechen. Spielte mit den Knöpfen und fühlte sich gleich viel besser, weil alles andere kannte er bereits. Konnte alle Fragen beantworten, blätterte die Bilder durch. Und es war schön, einfach vor der Stehlampe stehenzubleiben.

Ohne Stehlampe (II)

Bin dann mit ihm noch einmal in die Welt von Adenauer eingedrungen, saß am Tisch mit Robert Lembke, wir spielten mit den Knöpfen und fühlten uns viel besser plötzlich, weil diese Welt kannten wir bereits, konnten alle Fragen beantworten, blätterten die Photoalben durch, und es war schön, einfach vor der edition-suhrkamp-Reihe stehenzubleiben. Sie leuchtete gewissermaßen aus sich selbst heraus. Dabei ging gleich eine Frau, eine, die ich noch nicht kannte, vor mir her. Und es war so angenehm, richtig angenehm, wie ein beheizter Boden, hinter ihr herzugehen. Und dann fasste sie sich plötzlich in die Haare. Und das tat sie alles in der gleichen Phase, ohne sich nur einmal umzudrehen.

Es war so schön, hinter ihr herzugehen. Man musste sich noch nicht einmal kümmern um sie. Und jedes Mal, wenn ich zu ihr hinsah, schien mir, als habe sich etwas verändert an ihr, als sei da noch etwas hinzugekommen, von dem man noch gar nicht wissen konnte, dass es zu ihr – dass also auch das ihr gehört.

Gina Lollobrigida in unserer Hörspielabteilung

Bei Radio Bremen lungerten und lagerten überall Leute in Schlafanzügen herum, offenbar Schauspieler, die auf ihren Einsatz warteten – und wir wissen ja, wie genau und geruhsam das Leben in der Hörspielabteilung vonstattengeht! Saßen da und dämmerten, und warteten auf die Raucherlaubnis, die jemand ganz offiziell aussprechen musste. War aber niemand da, der dafür zuständig war.

Lange, leere Flure, weil Radio Bremen war längst umgezogen; nur die Hörspielabteilung hatten sie nicht mitgenommen, war also ausgelagert, oder einfach nur vergessen worden, was niemanden weiter zu stören schien, machten einfach ihre Arbeit, waren vielleicht gerade im Jahr 1964 angekommen, wo man das italienische Flair zu betonen wusste: Lollobrigida musste synchronisiert werden, aber es gab nur Männer in Schlafanzughosen, die auf ihren Einsatz ziemlich lange, manchmal Jahre, warten mussten. Also musste man sich mit einer Sekretärin behelfen, die mit ihren süßen Pfennigabsätzen die kalten Flure hinauf- und hinunterlief, bereit zum Diktat – und irgendwo gab es immer etwas zu diktieren, eine Absage vielleicht, und dann noch eine, wer weiß.

Alte, weißhaarige Männer saßen da, die vielleicht früher Handwerker waren, jetzt noch etwas dazuverdienen wollten, sich darum als Schauspieler ausgegeben und beim Arbeitsamt gemeldet hatten. Auf der Suche nach der Hülle meiner Lesebrille musste ich an diesen Schlafanzügen vorbei. Und da lag sie, meine Hülle, die zu meiner Lesebrille passte. Ich öffnete die Tür und hinter mir schloss sie wieder, damit sich die Luft nicht zu sehr veränderte, diese gute alte Radioluft, die noch aus dem Nachkrieg stammt, die man dabehalten wollte, weil man sie nicht speichern konnte.

Junge Lungen, sehr weit offen

(Warum nicht) jetzt noch einmal da entlang gehen, wo man jung gewesen ist und schweinchenrosafarbene Lungen hatte, offen für alles, und auch die Sonne schien noch jünger als man selbst zu sein. »Willy« stand auf allen Wahlplakaten. Ich hätte mich dort gern noch länger aufgehalten, an einer Kreuzung oder irgendwo auf einem leeren Bürgersteig. Doch die Buchhandlungen hatten schon geschlossen. Ich hätte einfach nur sehen wollen, was man so sieht, als könnte man das Sehen ganz für sich behalten, wie einen Leerlauf, in dem man nicht mehr mitlaufen muss. Und so schwieg ich alsbald für mich so dahin.

Mit Friederike in Bielefeld

Mit Friederike in Bielefeld herumgefahren, als wäre sie mit mir dort aufgewachsen, vielleicht sogar in diesem Auto, in einer Neben-, oder in der lauten Alfred-Bozi-Straße.

So saßen wir so schön und vorn und fuhren im Coupé in Zeitlupe die Dornberger Straße hinauf und fühlten uns schon fast verheiratet, auf einem Silbertablett, auf dem die Gläser mit Champagner standen. Steiler konnte kaum irgendwo auf der Welt ein Aufstieg sein. Beinahe hätten wir uns überschlagen dabei. Ich bat sie darum, noch langsamer zu fahren; dennoch kamen wir auch in diesem Tempo voran. »Sieh mal«, sagte ich, »das ist das Gymnasium, auf dem ich auch schon mal gewesen bin.« Friederike mit ihren blonden Haaren, die sie heute ausnahmsweise nicht zusammengebunden hatte; wie eine lose Sammlung von Strandhafer hingen sie fast einzeln über ihrer Schulter, nahmen ihr auch noch die Sicht, sodass sie nicht einmal das Bismarck-Denkmal sehen konnte. Richtung Alm fuhren wir und zugleich beinahe in den Teutoburger Wald hinein. Und mir kam es so vor, als hätte man für Friederike hier im Park einen Orchestersaal aufgebaut, wo man kleinen, emsigen Geigern und Oboisten beim Beethoven-Training zusehen konnte; meistens am Wochenende führten sie dort etwas Schönes in der Oetkerhalle auf.

Mit solchen Erinnerungen unter dem Zudeck lag ich und wärmte mich auch zwischen den Beinen auf. Später würde ich wieder einen Kurzroman lesen, neben den Kerzen oder davor.

Derweil setzten sich meine Eltern wieder auf ihre Lieblingsplätze zurück. Ich hatte klugerweise den Haustürschlüssel von unserer Wohnung in Bielefeld behalten, damit ich sie jederzeit wieder aufschließen konnte. Was für eine Überraschung, stellte ich mir vor, wenn wir jetzt plötzlich in der Wohnung unserer Nachfolger stünden. Bevor sie etwas sagen könnten, würde ich sie ins hinterste Zimmer schieben. (Ich kannte mich immer noch sehr gut aus!) Begann auch gleich damit, bevor sie Luft holen konnten, die Modelleisenbahn aufzubauen. Mit den Panzern hielt ich mich erstmal zurück. Mit dem Geigenbogen meines Vaters vollführte ich Drohgebärden. Wie klein und artig diese Menschen heutzutage waren. Sie gaben noch nicht einmal ein Geräusch von sich. Und ehe sie sich versahen, waren wir schon wieder aus Bielefeld rausgefahren. Wir hatten Werther gewählt. Jöllenbeck gab es auch; dieser Name war schon gestern irgendwo in meiner Nähe gefallen. Es klang so hell, als hätte jemand in meiner Muttersprache mir etwas aus meiner Kindheit erzählt.

Ich glaube, das macht schöne Geräusche, wenn man in die Brust von Friederike greift.

Im Schwimmbad mit Derrida

Im Schwimmbad mit Derrida und einem Nachbarn, Herrn Labudde, nehme ich an. Und mir gelang es im Schlussspurt tatsächlich, Derrida zu schlagen, von dem man wusste, dass er ein sehr guter Schwimmer war. Ich kam erst nach langer Zeitverzögerung dazu, die Nachrufe auf ihn zu lesen, sodass der Wettkampf eigentlich unnötig war. Ein ruhiger, höflicher Mann, im Gegensatz zu Unseld, der das Wasser immer in Unruhe und Angst versetzte, weil er nur den Schmetterlingsstil beherrschte.

Schwimmend also, vornehmlich schwimmend die letzte Nacht verbracht, froh darüber, dass man auch nachts schwimmen kann. (Das Bett war nass.) Der dänischstämmige Bademeister hat nichts dagegen. Nur den Verband, den ich benötige (wegen der Gürtelrose), und die Pflaster musste ich in der Umkleidekabine, im Stahlschrank lassen.

Wir schwammen also, was einfacher ist, als seine schwierigen Bücher zu lesen. Mit Hilfe von Qutenza will man mich am 14.11. von den Schmerzen erlösen. Nur noch diesen Gedanken im Kopf, der mich antrieb, sodass es mir gelang, Derrida im Schlussspurt abzufangen, der die meiste Zeit über mit Herrn Labudde über Glas und über Postkarten sprach und dabei mit den Armen durch das Wasser griff, als würde er schon wieder eine Neuigkeit entdecken. Wie schade, dass es ihn jetzt nicht mehr gab. Ich musste etwas anderes erfinden, das jetzt zu gleicher Zeit mit mir in diesem Schwimmbad existierte.

Ein paar Sätze noch (bis zu den Nachrichten), ein wenig Chopin, oder schnell noch mal die Zähne putzen, die Lippen nachziehen, einen Schluck Wasser trinken, bevor das beginnt, was immer das Wichtigste zu sein scheint: die Nachrichten mit Sarkozy und Merkel. Und alle drehen sich um und wenden mir den Rücken zu. Dabei hätte ich so viel noch zu erzählen, so viel. Ich zeig's mal mit den Händen: Man kriegt gar nicht genug davon.

Alleinstehende Tennisspielerinnen

Alleinstehende Tennisspielerinnen – das ist wieder so etwas, woran man Gefallen finden kann. Wie in einer Wüste steht man da, mit einem Schläger in der Hand, mit dem man Schmetterlinge und Wespen totschlagen kann.

Ein Schmetterschlag, verdeckt aus der Hüfte – dazu trägt man unergiebig kurze Röcke. Und dann schlägt man wieder auf, und dann schlägt man wieder brutal zu, und dann schreit man auch noch dazu und schwitzt.

Solche Frauen liegen einem auch im Sitzen, denn normalerweise haben sie viel Geld zu verschenken, und so können wir die nächste Urlaubsreise zwischen Wimbledon und Paris schieben.

Wie viel Beifall diese jungen Tennisspielerinnen kriegen, solange sie von ihren Müttern oder Vätern gedrillt und beschützt werden und schwache Erfahrungen mit jungen Schweizern oder unerfahrenen Österreichern verhüten.

Die ganze Welt scheint nur auf einen Topspin von ihnen zu warten, zumal sie jede Stunde ihren Durchbruch schaffen. So fängt man an. So jedenfalls wird oft angefangen, während die Lehrer schon wieder liegen, ohne nachzulassen, liegen, und ihren hochverdienten Mittagsschlaf halten. Darunter auch mein Vater: In seinem bordeauxroten Rollkragen-Pullover höre ich ihn wie ein Säugetier schnarchen.

Wenn ich in der Lage wäre, ein Märchen zu erfinden, müssten darin eine Tennisspielerin mit einem Schläger in der Hand und im Hintergrund das Meer und ein Segelboot erscheinen.

Und so habe ich mit einer neuen Navrátilová im Kopf den kleinen Perser wieder gründlich durchgesaugt. Diese Sau. Damit das Blau wieder durchkommt, dieses Blau von Vermeer – und denke jeden Morgen an Vati. »Danke für den Perser«, sage ich. Wenn das keine gut angelegte Erbschaft ist, ein Erbe mit so viel Wärme,

»Danke, Vati«, sage ich. Und das Schöne ist, dass sie nie nachlässt, diese Wärme, bis ans Ende meiner Ära, hoffe ich.

Kein Wunder, dass ich darüber die Tennisspielerin aus den Augen verliere, diese schöne kleine russische Weltranglistenzweite, die jetzt schon wieder irgendwo in einer Zwischenrunde schwitzt.

Körperstudien

Man weiß nicht, was mein Körper kann.
Ist er gut im Schwitzen?
Ist er gut im Sprechen?
Ist er gut im Fahrradfahren,
ein Mal um den Ulmenwall?
Oder sitzt er lieber in der Straßenbahn?
Onaniert er länger als Onetti?
Man weiß nicht, was mein Körper kann.
Kann sich sicher nicht gut bücken.
In der Badehose sehen wollte man ihn selten.
Einmal bin ich mit meinem Körper in Kamen gewesen.
In Köln gab man ihm Unterricht in Französisch.
Das ist aber nur drei- oder viermal geschehen.
Auf einer Bank im Schatten sitzt der Körper von Herrn Müller,
Zigarre rauchend ein Buch lesend.
Es geschieht, was so geschieht an einem herrlichen Sommertag
an einem schönen Strand:
Die Leute gehen ins Meer
und kommen mit ihrem Körper wieder heraus.

2 Godardfrauen und 1 Pasolinioption

Hatte mal wieder zwei Freundinnen, auf denen ich herumtollen konnte, hatte schließlich auch zwei Hände, die ständig beschäftigt sein wollen, diese beiden Schwarzarbeiter und Hartz-IV-Empfänger für zwei Frauen sehr empfänglich, die wir aus den Godardfilmen herausnehmen konnten und zu uns einladen und mit ihnen Musik hören und rauchen; zudem trugen sie quergestreifte Pullover und dunkle Haare, die man leicht nach oben schieben konnte, in unserer Wohnung, in der wir schon sehr lange lebten, in der wir ein paar Sachen untergebracht hatten, jetzt auch die beiden Godard-Bekannten, gerecht und ohne Eifersucht verteilten wir sie auf die beiden Videoanlagen.

Von außen sah man uns dabei – wie soll ich sagen – zu, so wie man in die eigene Traurigkeit, vor allem sonntags, hineinschauen kann. Zwei Freundinnen, die mich jederzeit anfassen wollten, die ich gleichzeitig umarmen konnte, mit meinen gewaltigen Celloarmen – und dann ging ich mit ihnen wieder an Straßen entlang, die plötzlich aufzuhören schienen, oder ins Nichts führten, dort, wo man noch Filme drehen konnte, Pasolini, dachte ich, warum eigentlich nicht?

Und so lebten wir, so wie wir in unseren Träumen das alles ausgedacht zu haben schienen, mit dem Unterschied, dass wir es jetzt auch praktizierten, wie in einem Praktikum, in dem das Experimentelle von Anfang an schon überwunden war, »1 Art Selbstverschwendung, nicht wahr.«

22.12.11

Wie gern würde ich (noch) näher an die Sätze heranrücken, wenn da nicht immer etwas dazwischen käme, ein Traum, oder eine abgesperrte Tür, und überall Kaffeetassen, unabgewaschen.

Ich weiß nicht, warum ich das nicht gesehen habe; muss die meiste Zeit über in einem anderen Zimmer gewesen sein. Aus der Dachluke sah ich hinaus in den Sommer, mit einem Feldstecher betrachtete ich die Frauen, die jetzt plötzlich so scharf waren und so klar wie ein Solarium. Man sah sofort, dass sie zu ihren Schuhen passten. Genauso deutlich sehe ich jetzt meine Eltern und meine Geschwister an einem Tisch sitzen und essen, und die Sonne scheint schwach in dieses Zimmer hinein. Jemand muss uns photographiert haben, oder hat uns zurückgerufen.

Aber jetzt ist der Blick wieder frei, hier auf dem Bild ist alles noch sehr klein und die, die um den Tisch versammelt sind, tauchen intensiv und still den Löffel in die Suppe ein.

Das Schwere an meiner Mutter

Meine Mutter hat immer einen Unterrock zu viel getragen. Sie hatte eigentlich immer zu viel an, immer zu viel angehabt. Sich von Anfang an, seit ich denken kann, viel zu viel angezogen, sich zu viel zugemutet (das hätte locker noch für zwei weitere Damen zum Einwickeln gereicht).

Meine Mutter hat sich mit ihren eigenen Kleidern wie ein Lastkraftwagen (auf der Autobahn in Richtung Herne) beladen. Und dann ist sie mit dem ganzen Material in die Küche gegangen. Und genauso ist sie wieder in mein Kinderzimmer zurückgekommen. Ich muss das leider so oft wiederholen, weil ich es leider auch so oft gesehen habe. Bis sie endlich einmal draußen, außerhalb der Wohnung war. Dann ist sie – wie sie selber sagte – durch einen Park gelaufen, den sie für sich erfunden hat.

Wie schade, dass sie nicht irgendwo in diesem Park stehengeblieben ist. Ich hätte sie so gerne noch einmal gesehen. Mit ihren fleischfarbenen Strümpfen, die ich dann angefasst hätte. Ich saß dann wieder auf dem Sofa (das meiner Mutter immer noch gehörte) und sah sie mir ausführlich an. Wie Gerhard Richter, würde ich jetzt sagen, wenn er eine Blumenwiese malte. Als könnte ich in ihren Körper kucken, durch die Leber, bis ins Herz sogar; an manchen Sommertagen sah ich die Stickereien auf dem Herzen. Sie glitzerten wie kleine Kerzen in der Nacht.

Spucken wie ein Fußballspieler

Mit einem großen, ultragroßen Regenschirm nähere ich mich dem Haus, in dem ich aufgewachsen bin. Zum Fenster heraus schaut meine alte Freundin, die da gar nicht hingehört. Mit ihrem kleinen Kopf sieht sie auf mich herunter und spuckt. Spuckt einfach aus dem Fenster heraus, statt mir den Schlüssel herunterzuwerfen. »Der liegt im Bad«, sagt sie jetzt, ohne Anstalten zu unternehmen, dorthin zu gehen, und spuckt schon wieder, wie ein Fußballspieler in der dritten Liga. Etwas selbstvergessen sieht das alles aus, während es schon wieder regnet, immer weiter regnet. Ach was bin ich froh darüber, dass ich unter diesem Schirm hier stehe, der mich vor diesem Regen und vor ihrer Spucke schützt. Natürlich wünscht sich keiner, dass das hier weitergeht, oder irgendwo hinführt. Darum lassen wir das jetzt.

Im Kopf

Die alten Strecken noch einmal abgegangen. Und dann kehre ich in meinen Kopf zurück wie in ein altes Zimmer. In dem die Kommode noch immer in der gleichen Ecke steht. Dort, wo wir sie vor zehn Jahren hingestellt haben. Vor zehn Jahren, oder ist nicht inzwischen schon wieder ein halbes Jahrhundert vergangen? Gottlob ist die Wohnung wenigstens trocken geblieben, bis auf den Schimmel in den Ecken.

Man hat mir empfohlen, das Zimmer neu zu streichen, das alles zu tapezieren, was in meinem Kopf ist, mich davon zu trennen, natürlich auch von meinen Büchern, von meinen schönen Träumen mit Frau Erdmann usw. Solche Bilder im Kopf. Und der Schallplattenspieler ist, nicht erst seit gestern, kaputt. In diesem Kopf also, meistens auf der linken Seite, führe ich mein Leben. Die rechte Seite ist mit Banalitäten verstopft. Wie schön es wäre, wage ich nicht zu sagen, wenn wir einen Blick nach draußen werfen könnten, auf den Gardasee zum Beispiel, wenigstens ab und zu. Oder ein kleines Fenster aufmachen könnten, oder ein Loch und dann lüften den Kopf.

Wurde wieder Mitternacht

Als ich endlich dann im Bett verschwand, mich auflöste mitsamt meiner Hoden, die wahrscheinlich noch aus Nordkorea stammen, die ab und zu entleert werden müssen in langen Winternächten wie Batterien, damit sie nicht zu strahlen beginnen, zumal man sie nicht wie ein Gebiss einfach so herausnehmen kann oder wenigstens zur Seite schieben, wie eine Gardine. (Ich beneide all die, die so was nicht mit sich führen müssen.) *»als würde das Leben aus Luchsgeruch und Minusmengen bestehen«*

Ich küsste mir zum Abschied in den Mund, ließ mich vom Luchsgeruch, der darin existierte, nicht irritieren. Ich küsste rigoros, ich küsste tief ins Plus hinein. Mal saß es links, mal saß es rechts, es wollte immer in der Nähe bleiben.

Pferd

Heute Nacht habe ich von einem Pferd geträumt. Es stand den ganzen Tag über auf einer leichten Erhebung, einem Hügel, und sah mich an. So ein grau-weißes Pferd war das. Und alt war es wahrscheinlich auch. Aber ich liebte es und sprach mit ihm, benutzte richtig lange Sätze. Scheute auch vor dem Konjunktiv nicht zurück. Am liebsten aber erzählte ich ihm von den alten Zeiten, als wir noch jung waren, und dabei fuhr ich mit meiner Hand über seine Seite. Ach, da war so viel Platz zum Streicheln. Das schafften meine Hände nicht allein. Wenn ich nicht aufgewacht wäre, würde das Pferd jetzt vielleicht neben meinem Bett stehen, und ich würde es noch immer streicheln.

Wenn man klein ist

Wenn man klein ist, winkt man einfach nur gern (man kann ja noch nicht überall sein), winkt sogar in die Landschaft hinein, könnte auch eine Industriezone (in Duisburg) sein, winkt mit rechts oder mit links.

Und es gab nichts, worüber man hätte sprechen können. Ging dann weiter und hörte meinen Schritten zu. Sehr aufmerksam dabei, um mich endlich einmal kennenzulernen, wo wir doch solange zusammengehören wollen.

Große neue Köpfe

Und noch immer sehe ich mit meinem jüngeren Bruder aus dem Fenster, sehen neugierig und offenbar sehr interessiert, wenn ich doch nur wüsste wohin? Und wir sind jung, so unglaublich jung, unsere Mutter hat uns die Haare geschnitten, richtig frisch geschnitten. Und wenn ich jetzt der Vater dieser beider Kinder gewesen wäre, ich hätte beiden die Köpfe von hinten geküsst, diese so unglaublich großen Köpfe, in denen gerade in diesen Sekunden eine ganz eigene (neue) Welt entsteht.

Ein Autogramm von meiner Mutter

Und das Leben könnte schön sein. Wenn es irgendwo einen Stand gäbe, an dem Sonnenbrillen verteilt werden. Und Pablo Neruda käme uns plötzlich entgegen. (Die ganze Stadt ist von südamerikanischen Schriftstellern überfüllt, weil ein Kongress über den Surrealismus in der Stadthalle stattfindet.) Und der Tag wandert, wie ein alter Vater, vor uns dahin. Ich habe ihn um ein Autogramm gebeten, den großen Pablo Neruda. Ich könnte vor jeder Person stehen bleiben und sie um ein Autogramm bitten. Sogar vor meiner eigenen Mutter würde ich jetzt stehen bleiben, um sie um eine Unterschrift zu bitten. Manchmal stelle ich mir vor, sie würde aus dem Fenster sehen und heimlich eine Zigarette rauchen. In einem weißen Faltenrock. Darin leuchtet sie wie eine Tennisspielerin aus Rostock oder Wladiwostok. Die Energie zum Gewinn einer Meisterschaft, eines Pokals, hat sie ständig gehabt, wurde geradezu verfolgt von ihr, bis tief ins 119. hinein. Und dann geht man weiter. Verabschiedet sich innig von ihr wie von einer großen Filmschauspielerin, und geht seiner Wege, in der Hoffnung, an Jesus vorbeizukommen, oder an einem seiner Jünger, um sie zu grüßen von ihr. Aber dann kommt eine Polizistin auf mich zu und sagt, ich müsse jetzt verschwinden von hier. 119 ist sie heute geworden. Und wohnt jetzt in der Hermann- oder Ludwigstraße.

Die Deutsche Grammophongesellschaft

Die Deutsche Grammophongesellschaft, die ab und an bei uns auch tagte, wahrscheinlich deswegen, weil wir einen Plattenspieler besaßen. Im Wohnzimmer, wo unser Dual-Spieler stand, da saßen sie mit ernsten Brillen und mit wenig Haaren, die sie mit geschickter Hand hin- und herdirigierten.

Die Deutsche Grammophongesellschaft am frühen Sonntagmorgen. In schweren Sachen saßen sie wie Trauergäste und hörten sich den Gottesdienst von Anfang bis zum Ende an, den Gottesdienst, der jeden Sonntag aus dem Radio von meiner Mutter kam. In dunklen Sachen saßen sie und sahen sehr betreten auf die Instrumente, was eine gewisse Monotonie mit Stereo-Effekt erzeugte. Einer von ihnen hatte sich seine Geige unter das Kinn geschoben, als wollte er sich Schmerzen zufügen an dieser empfindlichen Stelle. Es war dann elf geworden, als man die erste Schallplatte auflegen durfte, und meine Mutter mit Hilfe von Kaffee und Kuchen die Deutsche Grammophongesellschaft mit Kalorien versorgte.

An manchen Tagen musste man sehr lange warten, bis der Plattenspieler auf 33 Knoten kam und mit maurischer Trauermusik unter der Leitung Karl Böhms das Wohnzimmer verließ. In warmen Strömen flossen dann die Tränen, die die Rillen und die Klassik und die Tagung überschwemmten, und diesen unsichtbaren Lärm erzeugten, solange hier bei uns die Deutsche Grammophongesellschaft mit Leibeskräften ihren Dampf in alte Hörner blies.

Der Tag hat eine Schwäche für die Zukunft

Die Zukunft liegt erstaunlicherweise immer eher vor mir, als auf dem Sofa einfach liegen zu bleiben. Schon beginnt die Dämmerung, ehe ich mich versehe. Die Farben schwächeln. Die Sonne fällt herunter. Es gibt einfach keinen Expressionismus mehr. Prokofjew mit dem Dirigentenstäbchen in der Hand. Und im Kopf bin ich schon wieder auf der Autobahn, führe das Auto, oder das Auto mich zur letzten Steigerung mit über hundertfünfzig in der Stunde. Das klingt schnell und ist sicher auch schnell gemeint. Den Tag heute habe ich vier Minuten nach vorn geschoben, vier Minuten früher anfangen lassen. Das habe ich mir heute gegönnt.

Sie geht über den Parkplatz

im beigen Mantel,
wieder mit der großen und der kleinen Tasche,
wieder mit den durchsichtigen (fleischfarbenen)
Strümpfen, den flachen, ausdruckslosen Schuhen
und der frisurlosen Frisur.

Sie geht über den Parkplatz
zum Müllcontainer –
in diese Richtung.

Und es ist dieselbe Frau,
haargenau die gleiche.

Irgendetwas muss sie daran interessieren,
sonst hätte sie nicht versucht,
es noch mal zu tun.

Nylonode

Mag ja deine schwarzen, tiefverschmutzten Nylonstrümpfe,
mag sie wirklich, wenn sie mir das zeigen,
kehre immer wieder gern zu diesem Punkt zurück
wie jemand, der punktgenau auf dem Fleck seiner Entwicklung
stehengeblieben ist.
Sollte mich natürlich steigern,
schaffe es natürlich nicht;
sogar wenn sie aus Papier oder aus Schnee wären, würde ich sie
behalten und in ein Album einkleben.
Mag das, wenn das unverändert so bestehen bleibt.
Mag am liebsten neben deinen tiefverschmutzten Nylonstrümpfen
liegen bleiben.
Genieße diesen rechtsfreien Raum, der wie von selbst
während dieser Beobachtung entsteht –

In der Ferne manchmal Frau Erdmann mit sparsamen Gesten
in einem knallengen Kleid wie eine schwarze Tafel, auf der jeder
schreiben kann, was er sieht.
Mag das, wenn das unverändert so bestehen bleibt,
wie eine Eckkneipe zum Beispiel,
Barhocker, Beine –
sinnlose Beinbaumelei ...

Gedanken vor einem Berliner und einem Grünen Veltliner

Wie frisch das alles einmal war, und vor allem für mich, der ja auch noch ziemlich nagelneu vor nicht allzu langer Zeit gewesen ist, und auf dem Fußboden herumsprang, als wollte er testen, wie stabil er noch in den Abendstunden ist.

Und ich dachte daran, wie gut ich Basketball gespielt hatte (obwohl das gar nicht stimmt.) Wie viele Punkte ich erzielt hatte. Und vor allem, wer mir dabei zugesehen hatte.

Daran dachte ich besonders lange. Von der einen Turnhallenseite bis zur anderen. Das könnte jetzt vor 41 Jahren schon gewesen sein, dass ich, wie ein junger Gott, durch die Halle raste. Wenn man das noch einmal sehen könnte.

Stattdessen stehe ich neben einem Berliner mit einem Glas Grüner Veltliner und spreche mit ihm über die Frauen, die uns früher beim Basketball zugesehen haben. Jetzt tragen sie hohe Schuhe und rosafarbene Überwürfe, und es ist warm, viel wärmer als damals jedenfalls, so warm, als hätte sich mein Blutdruck selbstständig gemacht. Wie immer, wenn ich eine junge Frau sehe, oder irgendetwas Rotes, das wie ein Kleid aussieht und Musik auflegt, und in der Tat: Ein Titel gleitet wie Salbe in den nächsten hinein. Doch nirgendwo wird getanzt. Jeder sitzt tief in seinem eigenen Gespräch, und der Abend könnte immer so weitergehen, könnte so vor uns herschwimmen. Und es ist mir nicht unangenehm, jetzt keine Punkte, kein gutes Resultat für uns herauszuspielen. Ich hätte auch gar nicht die Luft dafür.

Frauen in kurzen Kitteln wären jetzt also angenehm, wie eine Erfrischung. Junge Frauen in knappen Kitteln, die hinter ihren Einkaufswagen hergehen und einen geschlossenen Büstenhalter durch die engen Fluchten im REWE-Supermarkt tragen. War es das, worauf ich hinauswollte?

Ein grüner Käfer mit einem Wappen auf dem Rücken hat mich abgelenkt. Ein grüner Käfer mit einem Wappen auf dem Rücken, ein kühner Ritter ist auf meiner Hand gelandet. Wie neu er ist und so grün und frisch, als käme er aus einer Waschmaschine. Und die Pflanzen wachsen um die Wette und mit einer Dringlichkeit, die beispiellos ist.

Kann weg

Wie wenige Personen doch zuletzt von unserer Familie übrig geblieben sind. Vielleicht fünfzig Prozent, oder vierzig vielleicht. Die Zahl sinkt, wie der Pegelstand in Dresden, im Sommer zwei null zwei, besonders in den Ecken und hinter der Heizung, wo man so schlecht rankommt (mit dem Staublappen). Auch ich fühle mich schon fast wie eine Palme, die da herumsteht (in einem polnischen Korridor) mit den verstaubten Blättern, wie etwas, das sich zu lange am selben Platz aufgehalten hat.

Aus meinem Fenster

Zu sehen ist ein Mann mit weißem Haarschopf, der, wie so viele Jahre schon, über diesen Parkplatz geht. Ein bisschen wie Picasso sieht er aus. Da geht er, überquert den Platz, der über Nacht ganz plötzlich weiß geworden ist, so weiß wie seine Haare. Nun kann man Kopf und Schnee kaum voneinander unterscheiden, von meinem Küchenfenster aus.

So leben wir jetzt alle intensiv herinnen und fühlen uns fast eingeschneit, wie Menschen, die sehr abgelegen leben und sich von ihren Vorräten ernähren. Kein Lidl und kein Edeka so weit ich sehe, Aleco oder Alnatura. Ich steige in den Keller, steige tief hinab, als wollte ich mir etwas Mehl und Milch besorgen und eine Fußballzeitung; am liebsten über Dortmund, obwohl ich doch schon wie so viele vor mir etwas über sechzig bin und kann mich noch erinnern an Wosab und an Emmerich. Ich dachte plötzlich auch an meine Kinder, die ich hätte haben können. Hab ich nicht. Gleich wird es wieder klingeln. Die halbe Stunde wird zu Ende sein. Ich seh noch einmal auf den Parkplatz. Ich seh den Mann, den weißen unsichtbaren Kopf, der wie ein alter Grieche den frisch gestrichenen Parkplatz überquert. Ich sehe seinen weißen Atem. Er atmet intensiv wie ein Genie. Er kehrt zurück in sein Geschäft, zu seinen französischen Spezialitäten: Crêpe etc. pp.

Solo in Weiß

Und weil Weihnachten ist;
nur deswegen schmeiße ich noch ein kleines Solo hinterher.
Die Gegend ist aus Papier.
Alles ist weiß
und unbedruckt.
Die Haltestelle funkt:
Vor mir steht eine Frau
und ihr Rock ist leicht verdreht und verrutscht,
ich warte mit ihr auf den Bus.
Etwas von früher wäre schön,
wenn es dazu kommen täte,
ohne dass wir es bemerkten;
eine alte Langspielplatte
und ein bisschen Sperrholz
vor der Tür.

Kleine Helle

I

Nach Weihnachten stellen die Engel abrupt ihr Schweben ein.
Die Lieder klingen leicht verqualmt
und das, worüber wir gesprochen haben.
Junge Frauen sehen in die Ferne,
in ein flaches, aufgeräumtes Land hinein,
schwärmen schon von schönen Mustern.
Gütig gucken konnte keine so wie meine Mutter,
besonders auf den Käsekuchen
hatte ich es abgesehen.
Ich stelle mir vor, er würde plötzlich bei mir in der Küche stehen.
Aber noch schöner wäre es, wenn nichts mehr passieren würde.
Wir könnten dann zum Abendessen alle bleiben
und nur ab und zu würden sich
die blassen Engelskörper aus dem Nebenzimmer zeigen.
Insofern ist es besser, wenn alles so bleibt, wie es ist.
Die Lampe,
die an ist
und alles beleuchtet,
die kleine Helle
und meine Mutter,
die schon vergessen hat,
worüber wir gesprochen haben.

II
Eine Lampe wird immer an bleiben.
Eine Lampe muss auch in der Ewigkeit brennen.
Damit wir wissen, wo wir hinmüssen.
Dafür lohnt es sich bestimmt, die Stromkosten zu bezahlen,
auf ein Sonderkonto, das ich eingerichtet habe
in der Schweiz
für alle, die dann in den Himmel kommen wollen
zu Botticelli und zu allen anderen
und zu den weißen Kleidern
der Engel,
die wir berühren möchten,
bevor es wieder dunkel wird.

all die (in sich) selbstverliebten Geschichten, die an ihr dranhingen, wie Äpfel an Ästen, denn sie wusste ja, wie schön sie ist und groß, fast so groß wie eine Fichte, wenn sie sich einmal aufgerichtet hatte, aber zum Glück tat sie das nur am Abend. Abends ging sie die Straße in immer die gleiche Richtung entlang mit ihren beiden Eintrittskarten und ich dachte, wie schön es wäre, wenn sie mich mitnehmen würde, mich einladen würde, wenn sie ausnahmsweise einmal aus ihrem Kopf herausgucken würde wie aus einem großen Aussichtsturm, und dann sieht sie mich und winkt mich zu sich heran.

Da geht sie

Da geht sie,
geht sie,
spät noch in der Nacht,
wie ein Arpeggio von Chopin,
das man beinahe
einatmen kann.

Ich stehe auf dem Balkon
und höre ihr zu,
diesen Schritten
auf der anderen Straßenseite.
Und sie beginnen
immer wieder von vorn,
wie etwas,
das nicht aufhören kann.

Nachmittag mit Orchester

Inzwischen hat der Nachmittag angefangen. Ich habe fast zwei Stunden geschlafen. Ich versuche, ein zweites Mal in den Tag zu kommen, nehme meinen Platz wieder ein, ganz unauffällig, im großen Orchester, das immer weiterspielt. Heute, endlich, ist es auch warm geworden. Die Pflanzen auf dem Balkon scheinen sich mächtig zu vergnügen. Ich werde sie heute Abend mit Sprudel versorgen. Die Wolken ziehen ihrer Wege, ohne ein Wort zu sagen. Sie haben Romane von Tschechow gelesen, sind meinem Vater schon in Ostpreußen begegnet. Sie wissen alles. Große Verschwiegenheit lautet eine Anordnung, die offenbar lange vor meiner Zeit ausgesprochen wurde.

Als Maler hätte ich an dieser Stelle aufgehört, wäre noch einmal ins Dorf runtergegangen, um ein Gläschen Wein zu trinken und hätte dem Treiben von meinem Stuhl aus zugesehen. Meine Bilder werden immer kleiner. Bald wird man nichts mehr auf ihnen erkennen können. Ich werde in die Ferne sehen. In die Ferne, die im Dunst verschwindet. Diese Ferne, die ich nie betreten werde. Heute ist es endlich wärmer geworden. Die Frauen werden mit ihren Stöckelschuhen hinaustreten, dem Abend entgegengehen, ausgehen, wie sie das schon immer getan haben, damit man sieht, dass sie da sind, dass sie existieren.

Leises Abendbrot

Die jungen Damen, die dort unten auf dem Bürgersteig auf- und abgingen mit ihren Handtaschen und mit ihren Haaraufbauten, von oben nach unten konnte man sich das ansehen, aus der Vogelperspektive, wie satiniertes Papier, schneeweiß, bei gleichbleibender, hoher Bildqualität. Bis wir zum Abendbrot gerufen wurden. Und es war immer der gleiche Platz, den wir besetzen durften. Und dann saß man da und war eigentlich froh darüber, dass man da sitzen durfte. Und nichts dafür bezahlen musste.

Ich dachte an Bielefeld und an die jungen Bielefelderinnen, die in ihren kurzen Röcken knapp vor den Autos die Straße überquerten. Wie leichtsinnig das war, und wie leichtsinnig von mir, ihnen hinterherzusehen.

Wie lange schon hatte ich diesen Film nicht mehr gesehen. Wie sehr ich ihn vermisste.

Auf dem Küchentisch lag schon wieder eine lange Einkaufsliste. Und ich bin erstaunt darüber, dass meine Eltern schon so lange nicht mehr zum Abendbrot gerufen haben. Dieses Gefühl der Entfernung. Wie kann man das ausdrücken?

Dabei sind eigentlich noch beinahe alle Menschen auf der Welt, beinahe vollzählig, wenn man sie mal zählen würde wie der Schaffner, der durch den Zug geht und zählt.

Ich muss das alles gar nicht mehr auf den Punkt bringen.

Ich ließ den Satz wie einen Güterzug auf dem Abstellgleis stehen, sah auf die Uhr und entfernte mich leise bis weit in den Hintergrund hinein.

Bonnard

Was haben wir eigentlich gemacht, als es noch keine Fernsehgeräte gab? Was haben wir gemacht?

Haben wir uns gegenseitig langsam aber schonend umgebracht? Oder haben wir ein Bild an unsere Wohnzimmerwand gemalt? Ein Fenster aus Kreide, durch das man, bis tief in die Dämmerung hinein, in den Garten sehen kann, in den Garten von Gethsemane. Dazu vielleicht einen Tisch. Aber noch wichtiger als ein Tisch ist die Tischdecke, eine gemusterte Tischdecke, auf der eine Schale mit üppigen Früchten steht. So oft, so produktiv variierte Bonnard dieses Motiv.

Heute steht eine Frau in einem Kleid von Dior davor. Vor Marthe, die noch immer in der Badewanne schwimmt.

Damals gab es noch keine Fernsehgeräte. Damals lag das Meer noch waagerecht und scheinbar völlig unbeteiligt wie auf einer Backform und ruhte sich für seine Zukunft aus. Selten schob sich eine Welle nach vorn. Aus purer Neugier, oder machte es ihr damals schon Spaß, sich zu wiederholen?

Nach dem Abendmahl trug Bonnard ein impressionistisches Gedicht über die Einsamkeit in Le Cannet vor. Im Hintergrund segelte derweil ein Schiff wie ein L aus dem Bild.

Der neue Torwart von Bologna (für Zvan)

Ein Traum, den ich öfter träume, den ich vor allem auch sehr gerne träume, und dann tue ich wieder so, als würde ich ihn nicht kennen und träume ihn noch mal, wie eine Zugabe: In der Luft einfach stehenzubleiben, draußen, im Garten, aber auch hier, in der Wohnung, über dem Tisch, neben dem Kronleuchter schwebe ich jetzt, wie Jesus über dem See, lege meine Hände auf den Kopf, um nicht gegen die Decke zu stoßen; und so stand ich dann dort oben die ganze Nacht über, so lange ich wollte, ohne mit den Armen zu rudern, eher wie ein Turner flog ich durch die gute Zimmerluft, wie eine Eins im Strafraum – fing alles, was da kam, das Leichte und das Schwere – der Nachwelt hinterließ ich das, die Früchte dieser, meiner Torwartwut.

Cristiano Ronaldo frei vor Vermeer

Cristiano Ronaldo frei vor Vermeer. Das hört sich gut an. Das kann man noch mal sagen: Cristiano Ronaldo frei vor Vermeer.

Und Montag werde ich wieder im Büro sitzen und auf den Computer wie auf einen einsamen See sehen, am liebsten kopfüber hineinspringen (mit Kopfhörer), wie schon so oft. Nichts schöner, als sich zu wiederholen, während meine Frau an mir vorbeigeht (auch eine Wiederholung) und mit ihren Schritten den Boden und sogar mich erschüttert. So schnell die Wirkung auch wieder nachlässt. Nur mit Mühe und mit Tricksereien gelingt es mir, die Strümpfe anzuziehen. (Heute hat sie mich dabei beobachtet und gesagt: »Seit 15 Jahren willst du mit Gymnastik beginnen.«)

Ich habe ihr noch etwas hinterhergesehen, so neu und noch so unbenutzt glänzt sie und lacht mich an, so selbstverständlich, als hätte das – als würde das ihr keine Mühe machen, so neu zu bleiben; etwas wirklich Rätselhaftes: das Leben anderer Menschen.

Und ich dort oben, in meiner Wohnung, wenn ich dort noch wohnen würde, in meiner alten Wohnung, wäre ich gleich wieder ans Fenster gegangen, um hinauszusehen, wie eine Fliege, ich dort oben, ganz alleine, auf den Parkplatz würde ich sehen, der überfüllt ist von Menschenmassen, wenn ich alle zusammenzähle, die ich dort unten schon gesehen habe – und zuletzt noch einmal Frau Erdmann, noch immer eine prachtvolle Figur (gibt sie ab), so schlank und so objektiv, wie eine Schwingtür, die vor- und zurückschlägt, wie das vergangene Jahrhundert.

Sie könnte die Standarte tragen.

Ein Photo aus einem anderen Jahrhundert

Heute Morgen bin ich versehentlich in einem anderen Jahrhundert erschienen. Ohne fremde Hilfe konnte ich keine der Personen identifizieren, die da in meiner Wohnung herumliefen. Und dann die Musiker dazwischen. Offensichtlich war ich da in ein Familienfest meiner Vorfahren hineingeraten.

In den Gesichtern erkannte ich die großen Hoffnungen, die wie Fallschirme nie aufgegangen waren. Und dann die Veteranen, die so viel Angst und Schrecken verbreitet haben; jetzt saßen sie wie in einem Linienbus hintereinander und konnten kaum die Abfahrt zum Sennefriedhof erwarten, saßen nach dem Essen da, in sich versunken, als würde sie eine Lampe von innen schwach wie Hustensaft beleuchten, und die Kinder liefen um sie herum, wie um Eisberge, von denen nur noch die ausgemergelten Knie zu sehen waren.

Sah mich nicht in der Lage, die zwanzig, dreißig Jahre zu überspringen, die ich anscheinend verpasst hatte, fortwährend mit feuchten Augen anwesend, und eben wegen der feuchten Augen vielleicht nur die Hälfte sah. Und dann unterspülten die Musikanten das, was mich im Innersten zusammenhielt, mit ihrer rumänisch klingenden Musik.

Die schmutzigen Hände

So wie hochtalentierte, junge japanische Pianistinnen mit ofenfrischen Fingern sich nach der Vorstellung am Klavierflügel festhalten (um einen Knicks zu machen), so stand meine Mutter damals im Jahreszeitübergangsmantel neben ihrem Volvo, die rechte Hand auf den weizengelben Kotflügel gestützt, und man hörte die Klänge, die aus dem Motor kamen, wenn man genau hinhörte dabei ...

Man glaubt ja gar nicht, wie lange solche Töne nachklingen können, draußen, auf der Straße, in Bielefeld, wie kalt es auch ist, wenn man sich da aufhält, wird man das noch mal erleben können, (da capo). Mutig ist es jedenfalls (auf jeden Fall), diese schwierigst zu spielenden Stücke von Liszt über Chopin bis zu Ligeti überhaupt zu wählen (ohne dass man sich die Hände schmutzig macht dabei).

Aufmerksame Alpen

In der Ferne, in den erleuchteten Fenstern, zwei Personen am Tisch: eine Frau, die am Gesicht des Mannes – man sieht nicht genau, was sie da tut. (Was kann man am Gesicht eines Mannes machen?) Vielleicht erklärt sie ihm etwas mit ihren Händen und Armen?

Immer ist es die Ferne, das Unbekannte, das anzieht, das lockt, wie eine Tafel Schweizer Alpenmilchschokolade, als sei es dort süßer und wärmer als hier – wie es ja auch im Körper einer Frau zu sein scheint, als gäbe es ein Kopfkissen dazu, oder schon davor, oder dahinter; einfach warm und geräumig ist es darin. Und meistens riecht sie auch noch interessant dabei.

Eigentlich reicht es, wenn jemand einfach nur nett zu uns ist und die Beine aufmerksam nebeneinander stellt, mit den Händen könnte die Person Klavier spielen und in Gedanken ganz woanders sein. Das alles fällt mir ausgerechnet jetzt noch ein, beim Blick in das gut besetzte Fenster hinein. Und das Schöne ist, dass es aus Glas ist und nicht so schnell nachgeben wird.

So aufmerksam können eigentlich nur Alpen am Vormittag sein.

Rumänischer Foxtrott am Rembertikreisel

Und da sitze ich wahrscheinlich auch schon wieder, noch ganz zu Anfang eines Vormittags, der sich richtig romantisch wie Rumänien oder Kaschmirwolle anfühlt, ein beinahe sonniger Sonnabend in einem jungen Jahrhundert (im Vergleich zu mir ist es ein Kind, auf das man ständig aufpassen muss, damit es nicht über die Straße rennt).

Ein beruhigenderes Gefühl ist kaum vorstellbar, als zu sehen: Die Autos fahren immer noch (folglich muss es auch Menschen geben, die sie bedienen), konzentriert wie aufmerksame Reiter nehmen sie gekonnt die scharfe Kurve am Rembertikreisel. Dieses Ausscheren nach links und dieses Ausschwingen nach rechts, wie beim Foxtrott, und alles, was sie hinterlassen, sind Auspuffgase und Feinstaub, ein Material, das man später noch einmal genauer erforschen wird. (Eine Raumschiffbesatzung von einem unbekannten Planeten wird ein paar Kostproben entnehmen – wiegt ja auch fast nichts.)

Und dann saßen wir in diesem renovierten Café Bucini und sahen aus dem großen Fenster, betrachteten die Geräusche (unser Restverhältnis zur Natur), verglichen sie mit denen hier herinnen, auch eine Art fernzusehen in sogenannter Ibis-Nähe, und dann schon wieder die Dunkelheit. Ich konnte meine Frau nicht mehr erkennen. Vielleicht war sie mir davongelaufen.

Meine Mutter lag, wie schon seit Jahren, auf dem Friedhof. (Sie wechselte gerade wieder.) Ein bisschen Geld hätte sie mir dalassen können, irgendwo deponieren, wo meine Geschwister nicht rankommen können (vielleicht im Tiefkühlfach?) Stattdessen zahle ich Jahr für Jahr Friedhofsgebühren.

Ein paar Mal sinnloserweise durch die ganze Wohnung gegangen, um mich zu vergewissern, hat sich was verändert? Wie viele Zimmer diese Wohnung hat. Und dann wieder den Ball gegen die Mauer getreten mit den neuen Fußballschuhen von Adidas.

Ein bisschen Geld hätte sie mir schon zurücklegen können für dieses Jahrhundert, das noch ein bisschen weitergehen, bisschen dauern kann.

Abgewanderte Landschaft

Habe von schönen Sätzen geträumt, so etwa auf Rilke-Niveau, und mich in Landschaften aufgehalten, die es mit sich selber kaum aushalten konnten, stöhnten geradezu vor Schönheit und badeten darin und räusperten sich wie jemand, der gerade bei einer Aktion ertappt worden ist, die für unter 16-Jährige noch gar nicht vorgesehen ist. Also sagte ich Tschüss und: bis in einem Jahr wieder, aber bitte in demselben grünen Kleid. Wer geglaubt hat, hier sei sie zu Ende, der hat sich getäuscht.

Manchmal treffe ich sie in einem Wald an. Sehe sie dort auf einem Stein sitzen, tut so, als würde sie auf jemanden warten, oder ist es nur so, dass sie nichts mit sich anzufangen weiß?

Sah heute Lowell und Bishop

Sah heute Lowell und Bishop am Strand entlang spazieren, ihre Füße tupften sie ins Wasser – das Photo stammt aus dem Jahr 1962 – und ich dachte, wie schade, dass sie schon tot sind, wie schade, dass sie nicht alle GLEICHZEITIG MIT MIR auf der Welt sind, heute, am Montag, zum Beispiel; diesen Tag könnten wir uns teilen, oder den Tag darauf, morgen. Wir könnten uns verabreden, uns Marzipan und mit Schokolade überzogene Kugeln anbieten, um uns das Stehen zu versüßen. Wir könnten uns aber auch hinsetzen; denn ich habe noch ein Thema anzubieten, sage ich leider viel zu leise zu mir, sodass sie mich jetzt nicht mehr hören können. In dieser Stille kann man fast schon ein Gedicht schreiben, solange ich krankgeschrieben bleibe, verdiene ich mehr Geld, überraschenderweise, als wenn ich arbeiten würde, sage ich noch leiser zu mir; das müssen die Kollegen nicht unbedingt hören, sonst hörten auch sie auf zu arbeiten. Darüber ist es fast schon April geworden, und Lowell und Bishop sind noch immer, wenigstens auf der Abbildung, am Rande des Atlantiks unterwegs.

Ich habe mich gefreut, diese Zeitung wiedergefunden zu haben (vom 28. Februar 2009). Ist das der Grund, warum ich alte Zeitungen aufbewahre? (Zum Glück nicht alle. Sonst hätte ich nicht alle Tassen im Schrank.) Ab und zu sehe ich sie an, berühre sie mit meinen Fingern. Und dann spreche ich wieder mit ihnen, so als würde ich, besonders montags, gerne Selbstgespräche führen – und lese ihre Gedichte (alle, die sie dagelassen haben). Während meine Kollegen auf ihren angestammten Plätzen sitzen bleiben; und es sah nicht so aus, als würden sie sie jemals verlassen, außer in der Mittagspause.

Am Rande, ganz am Rande hab ich Platz genommen und in die Gesichter gesehen, in alle, die noch lebten. Darüber ist es beinahe schon April geworden. Manchmal wundert man sich schon darüber, dass man immer noch lebt. Und manchmal bin ich schon erstaunt darüber, dass ich dazugehöre. Noch.

Alt geworden

Ich bin alt geworden.
Auch meine Melodien haben weiße Haare bekommen.
Ich habe Angst, dass irgendwann die Zeit auch stehen bleibt.
Während ich jetzt immer öfter sitzen muss.
Sitze auf dem Sofa, sitze auf dem Stuhl,
wenn er nah genug am Sofa steht, oder umgekehrt.
Auch ans Älterwerden kann man sich gewöhnen,
bis es einem selbst nicht mehr gefällt,
und so treibt man langsam schon dem Mittelmeer entgegen.
Alt geworden.
Älter kann man kaum noch werden.

Rheda-Wiedenbrück

Die Leute fragen mich, welches Datum wir heute haben. Ich sage: »Einunddreißigster August. Letzter Tag, um den Verein zu wechseln.« So was sage ich. Und mir gefällt es, das zu sagen, laut auszusprechen, um zu probieren, wie das ankommt auf der anderen Seite, beim Taxifahrer zum Beispiel, oder in der Fahrradreparaturwerkstatt. Nachher werde ich in die Meldungen sehen, ob sich noch was getan hat auf dem Fußballmarkt.

Auch wir sollten mal wechseln, dem Arbeitgeber auf Wiedersehen sagen und in Spanien anfangen, in Malaga zum Beispiel, wo es schön warm ist und die Wellen leise an die Fesseln schlagen. Da könnte man noch mal heiraten, oder jemanden mitbringen, der mit uns ein Zimmer teilen will, in Duisburg oder Rheda-Wiedenbrück. Solche Namen haben einen guten Klang im Ausland. Und wer weiß schon, wo sich das Zentrum des Lebens befindet, nach dem wir immer wieder suchen. Auf der linken Seite, bis zum Strafraum rennen wir durch, und dann rennen wir wieder zurück, und ich bin froh darüber, dass ich das Datum festgehalten habe; wenigstens das Datum, ganz fest.

Die letzte Inspektion

Dass auf der Bielefelder Alm Kakteen gedeihen, verwunderte mich doch sehr bei meiner letzten Inspektion. Ich erwartete ein Punktspiel, oder wenigstens, dass die Arminen ihre Schwächen wegtrainieren würden, stattdessen stieß ich auf Tore, die verrostet waren, unbenutzt herumstanden, gleich drei hintereinander, in unterschiedlichen Größen auch noch, und dann sah ich, dass der Rasen sich verändert hatte, Kakteen schienen sich hier wohlzufühlen und sich auszudehnen, in alle erdenklichen Richtungen schossen sie jetzt, und einige auch in die Höhe, wie in Mexiko. Das Gras wuchs. Man konnte es gar nicht mehr bändigen. Drei dunkelblau gekleidete Arminia-Bielefeld-Spieler erkannte ich, die letzten drei wahrscheinlich, bevor sich der Verein abgemeldet haben würde vom sogenannten Spielbetrieb.

Das also war es, was von meinem Klub übriggeblieben war. Gamon, Redecker und Roggensack. Man hätte Heu einfahren können. Arminia Bielefeld war abgestürzt, hatte sich durchreichen lassen. Jetzt waren sie seit Wochen und Monaten auf dem letzten Platz, wo man bestimmt auch überwintern musste. Drei blau gekleidete Spieler spielten sich warm, versuchten es zumindest. Ich hätte mich wieder ins Bett legen können. Ich konnte mir das nicht ansehen. Ich drehte mich um und kehrte in die Richtung zurück, aus der ich gekommen war. Im Ohr den Torschrei noch, sah, wie der Ball sich im Netz verfangen hatte. Was müssen das für schöne Zeiten für Arminia Bielefeld gewesen sein. Aber jetzt war es hier still. Sogar die Vögel waren weggeflogen. Ich hätte das am liebsten nicht aufgeschrieben. Aber einer musste das tun. Einer musste die Chronik von Arminia Bielefeld vollenden.

Sizilianische Rückenansicht

Ich will noch mal neu sein, richtig neu, wie ein Opel Kapitän, der die ganze Nacht über draußen gestanden hat und auf den Fahrer wartet. Völlig neu, wie eine leere Seite. Am Sonntag zieht man sich neu an, als könnte man noch einmal ein neuer Mensch werden.

Meine Mutter: Ich sehe, wie sie uns weiße Sonntagssachen rauslegt, ans Bettende. Und dann zieht sie sich an und hört auch gar nicht auf damit, sich anzukleiden. Ich wusste nicht, dass man soviel überhaupt anziehen kann. Wo gibt es so viel Platz? Bevor der Vater kommt. Der (so stelle ich mir das jetzt vor) ihr das alles wieder runterreißt, was so schön angefangen hat, als hätte sie dem lieben Gott einen Gefallen getan. »Zwei Träger«, sagt er, würden mir genügen von einem schwarzen Kleid und eine Rückenansicht, die bis nach Sizilien reicht.

Frühes siebzehntes Jahrhundert

Unbearbeitet ließ ich mein Leben an mir vorbeiziehen
wie in einem japanischen Restaurant
die kleinen Schüsselchen »all you can eat«
ich winkte sogar noch
weil ich nicht unhöflich sein wollte
die Kellnerin an meinen Tisch
und das alles ist jetzt da
so präzise als hätte ich einen Aktenordner aus dem Regal
gezogen und aufgeschlagen
auf Anhieb die richtige Seite gefunden
neunzehnhundertvierundneunzig
oder stammte ich womöglich schon aus einer älteren Epoche
frühes siebzehntes Jahrhundert oder so
(doch das tue ich wohl)
oder war das nur ein großes Missverständnis
wie in einem Traum saß ich mir gegenüber
mit der Zunge feuchtete ich meine Lippen an
und beinahe sah es so aus
als würde ich jetzt nur noch darauf warten
dass ich zu sprechen beginne

Das Leben in den Hochhäusern

Die Hochhäuser
starr wie Stabilbauklötze
irgendwann haben sie aufgehört
zu wachsen glücklicherweise
nur ihre Augen leuchten noch immer
wie ein Geheimnis nachts
möchtest du wissen was in ihnen vorgeht
in den Schlafzimmern
die einsamen Frauen
und in den Küchen
aus der Ferne siehst du ihnen zu
so unwirklich das alles
ein Körper wie der andere
mal rückt er ein bisschen nach vorn
und dann geht er wieder zurück
bis zum Spiegel
vor dem er sich nicht mehr bewegt

Innen, in meinem Kühlschrank

Sah mich später wieder, man sieht sich ohnehin zu viel, als ich die Marmelade und die Käsesorten wieder in den Kühlschrank stellte (nach dem Alphabet sortiert, wie meine Taschenbücher).

Seht ihr diesen Kühlschrank? Der mich eigentlich am besten von allen Menschen kennt. Wir beide sind eigentlich richtige Freunde. Diese Freundschaft haben wir damals begonnen und hängen tun wir jetzt auch schon an ihr. Ich öffne die Tür und schon strahlt er, das kleine Lämpchen, das ich ausgewechselt habe vor ein paar Tagen, jetzt strahlt es wieder, Gottseidank, als sei ich durch die Tür in eine Puppenstube gelangt, um mir die Sachen anzusehen, die wir dort gebunkert haben.

Nichts ist schöner als in den eigenen Kühlschrank zu sehen. Schade, dass man ihn ab und zu auch wieder zumachen muss. Dort herinnen könnte man leben, von morgens bis tief in die Nacht hinein wäre man fortwährend beleuchtet, wie diese Frau, die direkt unter meinem Fenster in ihrem Auto auf dem Parkplatz Platz genommen hat. Eine Frau. Eine sechzig Kilogramm schwere Frau. Und dann gingen wir wieder zum Kühlschrank zurück.

Für sie

Meine Frau besitzt eine Kuhherde, fast schon in der Nähe von Osnabrück. Niedliche Tiere, die am liebsten mit ihr kuscheln wollen. Und sie schnaufen so schön und so aufgeregt, jedes Mal wenn wir sie besuchen. Ich leuchte mit einer Taschenlampe die ganze Weide ab, eingerahmt von herrlichen Bäumen, die den Wind abhalten; in Norddeutschland ist es leider meistens windig und kalt.

Ich genoss diesen Traum, den ich ihr am nächsten Morgen erzählte. Sie selbst lag so schön wie mein Lieblingstier neben mir. Manchmal sehe ich ihrem Kopf dabei zu, wie er sich neu auf dem Kissen zu platzieren sucht, sich fast schon ein bisschen in das Kissen hineinbohrt (wie ein Regenwurm). Und dann ist alles wieder ganz still neben mir, atmet ruhig und regelmäßig wie eine Pumpe oder ein Wasserwerk. Manchmal ein sanftes Sirren, als würde sie im Schlaf etwas singen (was unsichtbar ist). Eine letzte große Geste: Sie liest etwas, Texte aus meinen Büchern, die ich geschrieben habe. Für sie.

Und ich küsste ihr zum Abschied auf den Mund

Schweigend habe ich sie geküsst. Genauso still habe ich tief in ihren Körper gesehen und alles (wieder-)erkannt. Die Organe bewegten sich im gleichen Takt bei jedem Atemzug. Das hat mich beruhigt. Und dann drehte sie sich auch schon wieder um. (Als hätte sie mit dieser Sache abgeschlossen.) Nach so vielen Jahren endlich wieder mal ein Tulpenrock, als Trost sozusagen, und dieses Mal sogar in Farbe.

Märchen in Farbe

Meine Frau färbt sich die Haare für ihren fünfzigsten Geburtstag. Ich habe wild und verwegen geträumt. Jetzt sitzt sie mit einer Art Kopfverband oder Turban vor ihrem PC. Und ich stehe wieder im Tor und fische die Unhaltbaren aus den Winkeln. Und alles ist wieder wie früher, als die Wiesen noch jung waren und blühten, wie die Mädchen, die man nicht lange genug ansehen konnte. Dass es das überhaupt gab! Als hätte uns jemand Unbekanntes (ein reicher Onkel aus Amerika) ein großes, einmaliges Geschenk gemacht. Und so saß man da, und wartete auf der Bank. Oder geleitete es bis zur Gartentür – weiter durfte man nicht mit – und es war, als wäre man in ein Märchen gekrochen, wenigstens ein kleines Stückchen hinein. Und die Vögel flogen und flitzten an einem vorbei. Und die Bächlein lutschten an den Steinen, gluckesten übermütig, und die Glocken schlugen Halb Drei. Das Summen der Bienen summt immer noch mächtig in mich hinein. Ganz leise erzähle ich mir das alles. Und meine Frau? Hustet, als hätte sie ein bisschen zu viel Zeit verschluckt, unter ihrem Kopfverband.

Grün wie ein Märchen von Grimm

So ein Neunzehnuhrdreißiggefühl, mit dem man gut auskommen kann, wenn es einem selbst beinahe gelingt, ein paar Töne von sich zu geben, die wie Hundegebell klingen, und um einen die Boote, die im Hafen liegen und leise, wie im Tanz, sich wiegen. Das Wasser dunkel und fast so grün wie ein Märchen von Grimm. Die Mücken, die jetzt alle nur auf dich gewartet haben. Und im Fernsehen spielt schon wieder Deutschland gegen Österreich.

Eine alte Dame aufgehoben

S. sagt: »Im Grunde ist es eine Zumutung, was ich von dir verlange, dieses ewige Reisen. Am liebsten würdest du immer zu Hause bleiben.«

Wie Morandi, fällt mir jetzt gerade ein. Morandi ist Zeit seines Lebens immer in Bologna gewesen. Bei seinen Schwestern untergetaucht, im hintersten Zimmer. Ging völlig darin auf, diese Flaschen und Gefäße neu zu arrangieren, schob die Gegenstände hin und her, wie ein Fußballtrainer. Und dann freute ich mich tatsächlich, wieder zu Hause zu sein, in meiner Bücherhöhle, bei den Büchern, die ich hin- und herschiebe, in diesem still vor sich hinsummenden Tal von Schwachhausen.

Heute habe ich da draußen eine alte Dame aufgehoben. War aus dem Rollstuhl gefallen. Möchte auch mal aufgehoben werden, wenn ich alt bin, sage ich zu mir. Und dann schlug ich ihr sanft auf den Po, um sie wieder sauber zu machen, vom Laub und vom Staub zu befreien, diese schöne alte Puppe; war so leicht, fast schon aus Schnee.

Faible für alte Personen

Diese Person, die ich aufgehoben hatte, war ich selber. Und dann setzte ich sie wieder in den Rollstuhl und schob sie nach Hause.

»Wollen Sie nicht noch mit reinkommen?«, fragte sie mich. In solchen Fällen bleibe ich gern in der Natur und lasse mich von ihr berauschen. (Ein bisschen Rachmaninow.) Und dann tanzte ich auch schon, tanzte ich mit Emma. (Wenn es nicht mehr weiter geht, tanze ich mit ihr. Denn sie hat tatsächlich einen warmen Bienenkörper, den ich umklammerte und vorsichtig drückte, sodass wir kaum dazu kamen, Schritte zu vollführen; deuteten sie nur an.)

Und ein wenig später – ehe wir selbst es bemerkten – steckte schon mein Penis nur ein kleines Stückchen und nicht tiefer – steckte schon in ihrem Unterfutter, ihrer Dose. Und dann waren wir schon wieder schüchtern, brachen das Manöver ab, kehrten um und gingen rückwärts in die Schumannstraße, sahen auf die Uhr und hatten nicht einmal die Zeit, traurig, trübe oder irgendetwas anderes zu sein.

»Wollen Sie nicht noch mit reinkommen?« Das schöne Sofa (ansehen) und ganz sicher ist da auch ein Aschenbecher, Blumen, die sehr wertvoll sind und tolle Vasen, die ich mit meinen Armen gerade noch umfassen kann; Rundes ist auf jeden Fall vorhanden.

Ich habe ein Faible für alte Personen. Habe ich schon immer gehabt. Mir gefallen alte Personen, die ich nach Hause schieben kann.

Mein Vater sieht immer noch aus dem Fenster heraus

Mein Vater sieht immer noch aus dem Fenster heraus mit seinem von der Sonne leicht gebräunten Vorderkopf. Auch dieses Jahr ist er also dabei. Und er sieht tief in die Ravensberger Straße hinein. Sein Kopf leuchtet wie der Mond am Abend, ein orangeroter Ball, und er tut so, als würde er dort hinten jemanden sehen.

Ich schlage noch einmal die Augen auf und sehe das Fenster, durch das mein Vater gerade in das neue Jahr hineinsieht.

Der Eierlikör, die Eltern und das Sendeende

Wie oft bin ich diese Straße schon entlanggegangen in den letzten 35 Jahren, wie eine schwache Romanfigur in ihren besten Jahren, einem mittellangen Roman, und wieder sah ich in das hell erleuchtete Schaufenster des Friseursalons hinein, wo die Wohnzimmergarnitur meiner Eltern stand, in einen leichten Dämmerschlaf gefallen. Der Eierlikör stand da, wo er hingehörte. Nur meine Eltern fehlten. Waren vielleicht schon schlafen gegangen, dachte ich.

Ein Zug fuhr durch die Wohnung, klapperte Zimmer für Zimmer ab. Darin saß eine Dame, allein in ihrem Abteil vor einem Fernsehgerät. War vielleicht die Nachrichtensprecherin, die ihr Sendeende sehnsüchtig erwartete, um das Gerät abzuschalten, eine eierlikörgelbe Blondine – ich werde sie euch bei Gelegenheit mal zeigen, so aus der Ferne sozusagen.

Ich wusste nicht, wo man sie anfassen durfte. Mir schienen alle Stellen sehr gefährdet durch eine kohärente Sechser-Gruppe, die zu müde schien, um jetzt schon nach Hause (zu ihren Frauen) zu gehen. Typen wie ich, die sicher auch eine Geheimzahl besaßen, die sie sich sicherheitshalber in die Haut geritzt hatten. Ich stellte mich vorsichtig dazu, grüßte notdürftig in die Runde – nicht mal einen Stuhl hatte ich mir besorgt, um gleich wieder abzuhauen.

Das Photo von meiner Familie

das jetzt auf meiner Tastatur steht und meine Eltern zeigt und mich und meine Geschwister und den Schrank dahinter mit den eleganten Vasen, die man noch einmal anfassen möchte, die ganze, junge, intakte Familie. Mein Vater im Anzug, tatsächlich noch immer – und es stimmt, was ich vermutet habe, dass er das Zimmer sanft verdunkelt hat. Und von hinten sieht man meine Schwester, die nun auch schon gestorben ist. Hier auf dem Bild ist sie noch ganz klein und trägt etwas zur Belustigung meines Brüderchens bei. Auffallend vor allem aber das Muster ihres roten Strickpullovers, das mir schon immer gefallen hat. Und die anderen alle, die da um den Tisch versammelt sind, tauchen intensiv und still den Löffel in die Suppe ein. Nur der Photograph ist aufgestanden, um dieses großartige Photo, diese Familienstudie zu machen. Wahrscheinlich hat man ihn jetzt schon davor gewarnt: »Vorsicht, die Suppe wird gleich kalt!«

Nichts Schöneres, als bei IKEA Pommes zu verputzen

Meine Wohnung ist alt geworden (vom vielen Wohnen muss das kommen). Dass Wohnungen so alt werden können, erstaunt mich. Diese Wohnung ist dabei, in der ich mein Alter eingelassen habe, eingeritzt in die Wände und in den Fußboden, so viele Spuren, die zu mir hinführen (und von da wieder zurück.) Auch das Fensterglas ist alt geworden, durch das ich hindurchgesehen habe (so viele Jahre), auf den Parkplatz. Meine Mutter lebte noch, als ich die Zimmer zum ersten Mal betrat. Wie frisch sie damals noch war und beinahe lebendig. Das war vor 24 Jahren. Da war sie 73. Und so zählt man das alles zusammen, um es wegzufegen. Damit man die Wohnung ›besenrein‹ an die Hausverwaltung zurückgeben kann.

Dort muss er geschrieben haben, wird man später über diesen Dichter sagen. Dort saß er vor dem großen Tisch, der gar kein Tisch war, sondern nur ein Türbrett, das auf zwei Böcken lag. Etwas primitiv. Alter Mann nun dieses Ich, das in wenigen Tagen dieses Zimmer für immer verlassen wird. Von solcherlei Gedanken immer wieder aufgeschreckt im Bett, wie auf hohen Wellen hin- und herschaukelnd, in einem kleinen Boot versteckt.

Heute haben wir bei eisigem Polarwind das Industriegebiet von Bremen-Brinkum aufgesucht; nichts Schöneres als bei IKEA Pommes zu verspeisen, ein kleiner Schmaus vorweg, bevor die neue Küche installiert wird. Mit weit über 1000 Euro Minus kehrten wir zurück.

Stillleben in Reichweite

Wir haben doch alles gehabt: einen Kühlschrank, ein Fernsehgerät und vor der Haustür hat immer ein himmelblauer Volkswagen gestanden.

Mit einem Fernrohr oder mit einem Opernglas haben wir uns diese Sachen immer wieder angesehen, und manchmal mussten diese Sachen angefasst werden, um sicher zu sein, dass wir das hatten, um wirklich zufrieden zu sein, mussten wir solche Sachen besitzen, einen Kühlschrank, ein Fernsehgerät, und vor der Haustür steht immer noch der gute alte Volkswagen, der schon in der Ravensberger Straße stand, etwas kleiner geworden, vom vielen Fahren hat er seine Ausgangsgröße und etwas Farbe verloren, direkt am Straßenrand steht er und Tante Lu kommt wieder zu Besuch und durch den Schlitz in der Badezimmertür kann man ihre Absätze erkennen.

Obwohl wir doch alles gehabt haben, mussten wir das auch noch haben. Wenn du die Gardinen zur Seite schiebst und hinaussiehst, kannst du sie dort unten sehen, auch wenn sie jetzt so klein ist wie ein Eierwärmer. Hauptsache sie bleibt noch ein bisschen warm und leuchtet wie ein Stillleben in Reichweite, wo wir sie angelötet haben.

Shampoo

Ich habe heute Morgen meiner Frau in der Badewanne zugeschaut. Mit einer Gründlichkeit, für die ich keine Worte finde, wusch sie sich die Haare, obwohl sie kurze Haare trägt, oder sagen wir mittel, und es eilig hatte, wie immer morgens. Man könnte neidisch werden, wenn man Haar wäre und auf ihrem Kopf leben dürfte, dachte ich, so gründlich, wie sie sie massierte und mit Shampoo einseifte.

Vielleicht ist diese Entscheidung ja die einzig richtige, einfach in der Badewanne bleiben und mit beiden Händen fast im Schädel. Wenn sie noch länger daran arbeiten würde, dachte ich, würde es bald schon schon Mittag werden, von der Küche bis zum Badezimmer und zurück.

mit dem Zug noch ein paar Stunden durch Russland fahren (auf der Unterseite) – auf die eine oder andere Stunde kommt es dabei doch nicht an –, anstatt in ein weißgekacheltes Badezimmer zu treten, was man dort vorhat, was man nicht schon kennt. Rasieren, das Kinn bis zu den Knien runter, wie gut, dass nicht auf den Sohlen noch etwas wächst.

Also nach Russland, wie in einem alten Wohnzimmer mit Ofen auf einer durchgesessenen Couch liegen und sich Geschichten von Tschechow, oder ein Märchen von Andersen vorlesen lassen. Am liebsten lauscht meine Liebste auf die Teekannengeschichte, die ich bis Wladiwostok auswendig beherrsche. Welch Schicksalsschläge diese Kanne im Laufe ihres Lebens ertragen und vor allem bewältigen muss, dabei würde sie lieber, wie eine edle Dame, ihre teefarbenen Beine sanft übereinanderschlagen, während die Birken an ihr vorbeischießen wie in alten Schwarz-Weiß-Filmen; so viele Birken wie Büstenhalter, alle so neu und neutral, wie diese Reise durch Taiga und Tundra.

Nur wir sehen plötzlich so gebraucht aus, irgendwie abgenutzt, als hätten man unsere Gesichter den ganzen Tag über die Fernsehgeräte gehängt, als sollte aus uns Stockfisch gemacht werden. Als wären wir nur deswegen nach Wladiwostok gefahren. In einem russischen Kurswagen durch eine kalte Birkenlandschaft, oder geträumt, man fahre durch das eigene Wohnzimmer mit Zuschlag, anstatt das weißgekachelte Badezimmer zu betreten, das alles von uns und noch mehr gesehen hat.

Meine Briefe an Beckett

Ich hatte Becketts Telefonnummer aufgehoben. Ich wählte sie. Wer weiß, vielleicht würde sich jemand melden, der jetzt in seiner Wohnung sitzt, umgeben von Beckettbänden, um nicht zu sagen: umringt von ihnen. Gebirgsmassive, die jederzeit abstürzen können; irgendwann werden die Bücherregale auch bei Beckettbänden nachgeben. Ich rief also an und tatsächlich meldete sich nach geraumer Zeit eine zierliche Damenstimme, auf Französisch sagte sie zu mir etwas Freundliches; hätte auch Nathalie Sarraute sein können, wenn sie noch leben würde.

Ich fragte sie, ob ich Englisch sprechen dürfe, was sie bejahte und so fragte ich sie, ob sie nicht meine Briefe und Huldigungen an mich aushändigen, sprich: zurückschicken könne, ich würde auch das Porto zahlen, konnte mich plötzlich aber nicht mehr an das englische Wort für Briefmarke erinnern. Immerzu fiel mir nur francobolli ein, was den spanischen Diktator ins Spiel gebracht hätte. Dies galt es unbedingt der alten Dame gegenüber zu vermeiden. Verschreckt würde sie womöglich auflegen, ohne meine Wünsche zu erfüllen. Ich wollte meine Texte, meine Briefe wiederhaben, die jetzt in der Wohnung von Beckett verstauben und vergilben würden. Das ließ sich nicht vermeiden. Und ein bisschen Platz in der Beckettbibliothek könnte doch der alten Beckettwohnung ganz bestimmt nicht schaden. Oder war die Wohnung längst schon leer, die Bücher und die Briefe in ein Beckettmuseum gewandert, und nur die alte Dame, die mich an Sarraute erinnerte, noch da, die vielleicht eine Witwe von dem alten Beckett war. Vielleicht besaß er sogar mehrere Witwen, die jetzt seinen Nachlass und auch hin und wieder seinen Wagen zu versorgen hatten.

Viele Witwen also, die sich gegenseitig ablösten und auch Anrufe entgegennahmen, wie diesen hier zum Beispiel, den ich gerade eben erst getätigt hatte.

Vier- oder fünfmal ließ man es anstandshalber läuten, wie in einem alten Hotel, dachte ich, in dem eine Lampe unter dem grünen Lampenschirm ein gütiges Licht in den Flur sandte, bevor dann abgehoben wurde und eine höfliche Stimme erklang. Oui, Monsieur, oder etwas mit je und compris oder compra.

Und dann begann sie auch schon nach meinen Briefen zu suchen, die ich an Beckett nach Paris gesandt habe, in der Hoffnung, Beckett würde mir antworten, Beckett würde mich loben, Beckett würde mich preisen, ja, ja.

98,4

Ist so gemütlich in meinem Kopf. Da steht sogar ein Klavier an der Wand, auf dem man sich austoben kann. Bis das alles durchgespielt worden ist, was die Noten uns sagen wollen, reicht, um einen Klassiksender zu unterhalten auf achtundneunzigkommavier.

Der Küchentisch selbst ist eigentlich viel zu klein. Draußen die Pappeln und das Gymnasium, das ich nie betreten habe. Mayröcker gelesen (die ich einmal sogar angesprochen habe, da war sie noch jünger als ich jetzt bin). Damit jeder weiß, wo ich sitze, erhebe ich mich kurz und setze mich gleich wieder hin.

Alpenglühen

Und jetzt bin ich nicht mehr fünfzig (wie schön war das: mit fünfzig aus dem Fenster zu sehen), und sechzig bin ich auch nicht mehr, und was soll dann jetzt noch kommen. Hoch oben, weit über Bozen, darf ich auf die Berge gucken und natürlich husten, Störgeräusche in der Lunge, hört sich an wie Hilversum, Mittelwelle, Bellinzona, und unter mir nur die Tiefe, der Abgrund, Tirol. An diesem Abend sich festhalten, gegenseitig, um noch ein bisschen zusammenzubleiben. Du strahlst mich an, ich strahle dich an, wie das Katzenauge an einem alten Fahrrad.

Ein himmelblauer Motorroller und das Wort »Steffi«

Ein himmelblauer Motorroller und das Wort »Steffi«, das man am Sonntag auch groß schreiben kann, jagten just an mir vorbei, und dazu dieses kleine, postmoderne Pferdeschwänzchen, eine Andeutung vielleicht, mehr nicht, und dann hatte sie sich auch schon wieder weggedreht, als hätte diesen Kuss sie gar nicht durchgeführt, als sei an diesem Kuss sie nicht beteiligt; ausnahmsweise circa zwei bis drei Jahrzehnte, schätzte ich, länger konnte sie noch nicht in dieser Welt sein, und das Wetter heute auch wieder einmalig, unwiederholbar, wie eine Zugabe, oder als Tankwart verkleidet den Boden absuchen, das Laub zur Seite scharren, auf der Suche nach ein paar Ölflecken von ihr.

Feiertag in Forlì

Ferien sind schön. Kann ich wirklich gut leiden. Am schönsten aber sind Ferien, die man mit einer Frau verbringen kann, das hat noch nie einer bezweifelt.

Und noch schöner ist es, wenn du dabei bist, wenn du neben ihr hergehen darfst und dieses Glück teilst, neben ihr beinahe die gleiche Luft einzuatmen und in die gleichen Schaufenster wie sie sehen kannst, und wenn ihr dann plötzlich einen Mantel seht, den eine Frau trägt, die gerade ihre Haustür aufschließt – und deine Frau sagt, so einen will ich auch haben, schenkst du mir den? Was willst du dann machen? Ihn ihr von den Schultern reißen? Träumst du von solchen Heldentaten? Und so geht ihr an den Gedenksteinen der Gefallenen im Irak and an den Gedenksteinen der Gefallenen des Ersten Weltkrieges vorbei, und du denkst, die können das jetzt alles nicht mehr miterleben, und nachholen wird sich das jetzt auch nicht mehr lassen, und so geht ihr immer weiter durch den »Tag der Befreiung«, wie der hier genannt wird, und das Schöne ist, dass man diesen Feiertag jetzt auch noch miterleben kann. Man versucht jedenfalls, mit seinem Körper dabei zu sein, Anteil zu nehmen, möglichst nah dran zu sein, wie an einem Gedanken, den man manchmal sogar fast mit seinen eigenen Händen berühren kann.

Beim Zähneputzen fiel mir ein, dass du das ja bist, der sich jetzt seine eigenen Zähne putzt, und bald wirst du zwei neue Brücken bekommen, freust du dich schon darauf?

Währenddessen flattern blutigrote Fahnen in der Sonne mit dem Hammer und der Sichel, mit diesen Werkzeugen, mit denen man doch eher nichts mehr anzufangen weiß, flattern in der Sonne und »bella ciao, bella ciao« wird dazu gespielt von der Blaskapelle, die zwei Mal um den Platz Saffi marschiert, und dann wird man wieder Reden halten, Reden halten müssen, während wir schon in Arezzo sind.

Ein provisorisches holländisches Mädchen

Dank meiner neuen Brücken kann ich jetzt eigenständig von rechts nach links und umgekehrt durch mein Gebiss wandern, mit der Zunge, oder zu Fuß, ohne vorzeitig umdrehen zu müssen. Das Provisorium, das ich vorher trug, habe ich meiner Zahnärztin vermacht, »kann ins Museum,« sagte ich zu ihr. »Hat mich fünfzehn Monate gequält.«

Später ist sie nie wieder so tief in mein Mundwerk vorgedrungen. Dachte, sie würde es tun, würde sich wiederholen und nachsichtig dabei die Couch betrachten, links neben dem Zäpfchen, zum Beispiel am Abend, wenn wir alle etwas müde sind, nachsichtig die Couch betrachten, oder sich dazusetzen.

Den ganzen Tag über hat sie sich nichts anmerken lassen. Dachte, sie würde mich anrufen, hoffte es, wünschte es, *das provisorische, holländische Mädchen mit dem Jungenhaarschnitt und ihr Zungenkuß.*

Ich werde nie verstehen, sagte ich zu mir, als ich allein war und, wie in Gedanken, die Couch betrachtete, warum Frauen so schön sein können. Da ist etwas in ihnen drin, Strontiumnitrat oder Silicium, etwas, das man weder sehen noch hören kann. Und weil das eben nicht ausreicht, und weil sich das jederzeit ändern kann, und weil ich neugierig bin, pause ich sie immer wieder neu durch.

Schwarzes Bild

Am schönsten die Sonntage, die wir auf dem Balkon verlebt haben wie in einem Indianerzelt, das immer offen stand. Jetzt sind sie alle schon gebraucht und abgenutzt, sogar die Stühle und die Stoffe.

War es das, was ich jetzt sagen wollte? (Dass wir die Sachen nicht mehr zurückholen können?) Alles, was draußen ist, bleibt draußen, und die Stille, die man braucht, ist hier ebenfalls nicht zu haben. Ich weiß, sage ich, dass ich nichts weiß. Im Hintergrund hängt ein schwarzes Bild an der Wand.

Im Bett dann später noch ein paar Seiten Modiano, als würde hinter mir jemand leise Klavier spielen, aber richtig gut.

Frühstück mit Braque

Jetzt füllen wir noch die letzten Minuten mit Sätzen, die völlig überflüssig erscheinen, nur zu gebrauchen, um die Zeit bis zum Frühstück totzuschlagen oder zu überbrücken, zumal man nicht einfach so stillstehen kann und gar nichts machen, denn das würde sofort auffallen.

Einer, der malt, darf stundenlang sein Bild anstarren, worauf eine Bäuerin abgebildet ist, darf ihren Hintern betrachten, der jetzt wie ein Kolibrihintern schimmert, also schon wieder ein Stück Kubismus; und natürlich denken wir dann alle an Georges Braque, den im Grunde genommen keiner von uns wirklich verstanden hat.

Schnarchte heute Nacht

Schnarchte heute Nacht, nur meine rechte Seite. Der größte Teil von mir lag wach und staunte, wie groß mein Körper, meine Wohnung war. Sogar Frau Erdmann hätte darin Platz gehabt. Es konnte auch die Tochter noch drin wohnen, und ihre hohen Schuhe hätt ich außerdem noch aufgenommen. Ich gab mir große Mühe, spielte Flöte, an manchen Tagen auch den Kontrabass, ich wollte nur ein bisschen atmen, das würde mir und meiner Kunstfigur nicht schaden. Meine Frau schien in der Ferne leuchten zu können, wie künstliches Licht.

In einer anderen Fassung sah man, wie Erwachsene hinter einem Ball her rannten. Konnte sogar den Torwart erkennen (weit hinter Kassel), den ich mit nach Hause nehmen wollte, aus der Zeitung ausschneiden, anstatt in meinem Bett liegen zu bleiben, auf meiner schwachen rechten Seite.

Frühstück in Klein

Wie schön, dass wir wieder da sind. Ich werde in die Küche gehen, um uns ein Frühstück zu bereiten, ausgeschlafen sein und ausgeruht, wie ein Gemälde im Louvre, als großer Schinken an der Wand hängen. Von Rubens, heißt es, stamme ich ab, und nachher werde ich wieder das graue Fahrrad besteigen, ein Bonbon in Gelb (citron) wird in meinem Mund herumwandern und abnehmen, und wie schön, dass man so klein werden kann und unauffällig verschwinden zum Horizont hin, einfach nur Hintergrund sein.

Der Satzabnehmer

Ich muss endlich anfangen zu schreiben, was weiß ich, immer das Gleiche: ein paar Häuser können darin vorkommen, eine Landschaft, auch zwei, oder drei Straßen und diese Fahrzeuge, mit denen wir unsere Welt verstopft haben. Wie schön wäre es, wenn wir fliegen könnten, kleine Fußgänger in der Luft mit Akten- und Handtaschen. Hauptsache, es fällt nichts runter, sonst kriegst du was von mir auf den Kopf; deine schöne Frisur, dieser Scheitel, die Ideallinie, die du gefunden hast. Wie lange hast du danach gesucht?

Das Leben ist ohnehin viel zu kurz, um dir noch mehr zu erzählen. In den Bücherregalen ist alles versammelt. Das, was ich im Kopf habe, nimmt immer mehr ab. Bald wirst du nur noch ein Strand sein, ein paar Wellen davor, die langsam ausrollen, wie Reifen, die nicht mehr gebraucht werden.

Fahrzeuge, die am Rand stehen

Fahrzeuge, die da am Rand stehen. Diese Sachen, für die sich keiner richtig zuständig fühlt, weil es so viele davon gibt, sodass es gar nicht auffallen würde, wenn einer damit wegfahren würde. Und dann lässt man sie irgendwo am Straßenrand stehen. Und der Nächste freut sich schon darauf, wie auf ein altes tragbares Fernsehgerät.

Es soll da eine Stelle irgendwo am Ende der Welt geben, eine Art Müllhalde, wo man das noch einmal fein säuberlich durchsortiert: die Fußbälle in den einen Behälter, und die Damenstrumpfhosen, nach Farben geordnet, in den zweiten Behälter, und die Blinker nach Buchstaben nummeriert; und immer wieder diese kleinen Autos, die solch eine schnelle Rolle gespielt haben, bis sie dann alle irgendwann am Rand stehengeblieben sind. Irgendwie funktioniert das wie »Monopoly«, jeder mit einer Ereigniskarte in der Hand, die man zuletzt wieder zu den anderen Karten legt, damit man das Spiel wiederholen kann. In einem kleinen Seehäuschen zum Beispiel, im August im Garten sitzend und ein Bierchen trinkend.

Und zu unseren Füßen kauert ein altes polnisches Weibchen, das sich verlaufen hat und Kreuzworträtsel löst. Während wir noch einmal aufstehen und nachsehen, ob wir den Wagen auch richtig gut abgeschlossen haben.

Tichy 5

Und dann sah ich ein Mädchen.
Das hing über einer Brüstung,
schaute von dort herunter,
schwebte sozusagen wie ein Engel
(mit den Füßen in der Luft).
Es hatte keine Flügel.
Es hatte nur zwei Arme,
mit denen es sich abstützte.
Und das habe ich gesehen.
Und es ist schön,
etwas sehen zu können,
immer etwas zu finden,
was man sehen möchte.
Und dann bleibt man davor stehen
und sieht es sich an.

z. B. eine Frau, die sich eine Zigarette anzündet.
Mit der einen Hand schützt sie die Flamme vor dem Wind,
und sie trägt eine Sonnenbrille,
und einen Rock trägt sie auch,
der um sie rum geht,
rundherum,
und sie abschließt,
wie man etwas abschließt, das sehr wertvoll ist.
Ein Rock der sich nach allen Seiten hin öffnet,
und sie selbst steht darin,
und so steht sie auf dem Bürgersteig.

Mädchen im Pelzmantel

In einem Pelzmantel und in schwarzen Nylonstrümpfen
und mit einer Zigarette im Mund,
damit sie es überall schön warm hat,
beinahe beheizt,
so als ob sie prüfen wollte,
ob sie noch zieht,
hat sie ihre linke Hand gespreizt,
ist sozusagen bereit,
die Zigarette wieder aus dem Mund zu nehmen,
um den nächsten Lungenzug zu überlegen
für den Augenblick, den sie für den Besten hält.

Tatsächlich tut sie das,
und es sieht genauso aus,
wie ich es mir vorgestellt habe.

Und so spreche ich diesen Satz
einfach in das Bild hinein.

Vasen im November

Mit grünem Tee in den Abend gegangen (habe ich das jemals so erlebt?). Habe ich mich so schon einmal angetroffen, dass ich grünen Tee getrunken habe, völlig zwanglos? Und der Reis (den es dazu gab) war von jener Gestalt, dass man sich in ihn hätte hineinlegen können, wie in warmes, weißes Moos; und dann hätte jemand den Deckel auf mich gelegt, in guter Absicht, und kaum wäre es dunkel gewesen, hätte man mich schon wieder schlafend gesehen.

Zuletzt noch habe ich die Dame des Hauses gesehen (sie war schon auf dem Weg nach oben, in ihr Schlafgemach) und dann hat sie sich noch einmal umgedreht, als wollte sie mir ein Zeichen geben, mit nach oben zu kommen, also zu ihr und ihren schönen Sachen, die sie wie kleine Inselketten umgaben, die man auch noch weiter in den Süden, oder in die Länge ziehen kann, wie zweifelhafte Zielangaben.

Mit grünem Tee den Abend angefangen, die ganze Kanne haben wir dann ausgetrunken, die Dame in dem schwarzen Kleid und ich ihr gegenüber, oder fast schon in ihr drin, und mich gefragt, wie lange man sich das wird merken können, und schön geformt das alles, was sie anzubieten hatte, gewiss auch wärmer schon als unsre Vasen im November, als Ganzes sehr beweglich und spielerisch und doppelt so lebendig, was da vor unsren Augen existierte und jetzt allein nach oben ging, um Overath noch einmal von der Seite anzusehen, im Profil.

Mein Vater, hinter mir, ist eingeschlafen und auch die Deutsche Grammophongesellschaft hat ihre Köpfe gleich nach hinten fallen lassen (man könnte sie jetzt sogar stapeln), nur Dirigent Karl Böhm winkt in den leeren Raum hinein mit seiner kleinen Gerte, als würde er meiner Mutter beim Einparken helfen.

Abschied nehmen von Szymborska

Abschied nehmen von ihr, das wussten wir, dass das eines Tages kommen wird, auf Wiedersehen sagen, Abschied nehmen, aber nicht von ihren Büchern.

Wie im Buchladen habe ich sie aufgereiht, damit ich sie anfassen kann, sie kurz noch einmal anheben, hochheben, in die Hand nehmen, man darf auch – vorsichtig – blättern. Ich werde sie schützen und Futter streuen, nicht nur im Winter. Wie schade, dass sie so scheu ist, aber das war sie schon immer. Ich erinnere mich, wie lange ich nach dem gelben Suhrkampbändchen »Salz« suchte, und eines Tages entdeckte ich es im Lager eines Antiquariates.

Jetzt sitzt sie da draußen auf einem Zweig und piepst. Wie schnell sie sich der Natur angepasst hat! Ich werde ihr eine SMS schicken, Futter kaufen, und sie da draußen im Vogelhäuschen mit Leckerbissen versorgen, wo sie sich untergestellt hat und ihren Lieblingen zuhört, im Landregen, Chopin + Franz Liszt.

Verwirklichung in Cis

Das Wetter heute eignet sich dazu, sich zu verwirklichen. Man könnte ausnahmsweise einmal das Richtige sagen, oder sich auf dem richtigen Stuhl niederlassen; da wo die Sonne hinkommt und die Musik nicht zu laut ist und die Kellnerin. Wie glücklich wir sind, dass sie heute so angenehm ist und nichts vergisst. Das Wasser ist tatsächlich ›still‹, der Wein gut gekühlt und wir sind bereit für die Abenteuer, die für uns vorgesehen sind. Wir haben uns angemeldet. Wir haben sogar reserviert. Hey, hey, hey.

Das Klavier ist ein Saiteninstrument. Du kannst es nur von der Seite bespielen, und von hinten kann ich dir zusehen dabei.

Weißt du schon, an welcher Stelle du scheitern wirst?

Ja

Nichts erlebt. Der Inhalt in meinem Kopf ist der gleiche geblieben. Da schwappt nur das Wasser ein bisschen hin und her. Wie in einem Hallenbad, nur alles viel kleiner. Ansonsten dasselbe Format. Den Bademeister werden Sie wahrscheinlich vermissen. Der letzte kam aus Belgrad, leider sehr unregelmäßig. (Ich wollte nicht im eigenen Kopf ertrinken.) Wenn es nach ihm gegangen wäre, hätten wir im Sommer schließen müssen, aus Sicherheitsgründen.

Mir gefällt dieses Bad, dieser Baustil, die sechziger Jahre, die sich darin ausgedrückt haben. Solcherlei Sätze würde ich ja sonst nicht sagen, wenn ich nicht immer wieder darin schwimmen würde. Ich dachte heute Morgen daran, schwamm noch mal die Bahnen ab, und wenn ich die Kraft dazu gehabt haben würde, hätte ich es gern mitgenommen.

Diese Stille jetzt in meinem Kopf, diese Friedhofsruhe. Niemand da, der in der Lage wäre, die Tür zuzuschlagen. Ich mag diese Zeit am frühen Morgen, zu früh, um jetzt schon Ja zu sagen.

Eine Japanerin

Manchmal, wenn ich mich nicht entscheiden kann, wenn ich zaghaft bin, denke ich, dass ich vielleicht eine Japanerin bin, in einem bordeauxroten Kleid, das meine Magerkeit unterstreicht. Beinahe in Zeitlupe habe ich das linke Bein über das rechte geschlagen, die kleinen Hände nicht allzu weit von mir auf den Tisch gelegt, sodass ich sie jederzeit wieder einziehen kann, vom Tisch wegnehmen, der viel zu groß für sie ist. Aber ein bisschen neugierig bin ich auch, das passt zu mir, und manchmal spreche ich Englisch, wenn ich etwas getrunken habe, auch wenn ich mir nicht sicher bin, dass ich es bin, etwas unverständlich, und dann noch in einer fremden Sprache, eine Japanerin noch zu sein, obendrein.

Ein Brummer im Zimmer

Immer ist ein Brummer im Zimmer. Es ginge ja, wenn er diesen kolossalen Lärm nicht verursachen würde bei seinen Rundflügen über meinem Tisch und über meinem Gouda. Und dann steuert er das Fenster wieder an. Manchmal zieht er knapp an meinem Kopf vorbei, als wollte er mir zeigen, was er auf dem Kasten hat. Onkel Alfred sitzt am Steuer, Flugzeugingenieur von Beruf, das war er, zu Lebzeiten, in Indien, hatte sogar Diener. Jetzt fliegt er immer noch, weiß gar nicht mehr, wie das geht, das Gehen, fliegt und fliegt in einem fort mit Karacho gegen meine Fensterscheibe. Könnte jetzt schon auf dem Friedhof sein bei Tante Käthe. Glück gehabt!

So locker wie der Bobby Charlton

Meinen Vater getroffen, leider hatte er es eilig, sodass ich ihn auch nicht umarmen konnte. Die zwei Jahre, die wir jetzt nur noch auseinander waren – bald würde ich ihn überholen.

Jetzt sah ich ebenfalls den Bus, in den wir einsteigen mussten. So schnell ich konnte, lief ich ihm entgegen, und dann musste ich pusten, so als wollte ich, als müsste ich verschnaufen. »Bin schon fast so alt wie du«, rief ich ihm noch zu, bevor er mir davonlief, wie ein Reh in einem Kamelhaarmantel lief er locker wie der Bobby Charlton an dunklen Wäldern und schwarzen Erdbeeren vorbei. Das war mein Vater also, der nie enden wollte.

Als ich ihn fragte, für welchen Verein er spielen würde, holte er einen Zettel aus der Manteltasche, der aussah wie eine Eintrittskarte. Zwei Worte standen nur darauf, die ich nicht entziffern konnte.

Inhalieren auf Französisch

Heute morgen hatte ich nur wenig zu sagen, als sei mir der Stoff über die Feiertage hin ausgegangen, aus mir unerklärlichen Gründen hatte Christian, mein Jugendfreund, neben mir Platz genommen, und rauchte vorsichtig eine LORD, als könnte man daran auch sterben, womöglich weil sie etwas Krebserregendes an sich bzw. in sich hatte, aber auch was andres, etwas ganz Phantastisches, mit der Zigarette in der Hand konnte man auch sehr gut Texte schreiben, und ich dachte an Camus und Sartre, wie kann man nur eine LORD rauchen, schon wegen des Namens, und dann auch noch mit nem dicken Filter hinten dran, als Mundstück, als wäre das ein Blasinstrument, Christian, dieser große Mann, ein Meter neunzig und noch mehr, und im Mund die kleine Zigarette qualmte fröhlich hin und her, anstatt sich eine Gitanes anzuzünden, wo wir schon in Frankreich waren, warum sind wir denn dorthin gefahren, wenn nicht wegen der billigen Zigaretten, die kratzten brutal in der Lunge, fast wie der Beton, woraus diese Vororte gemacht waren, durch die wir jetzt fuhren. So merkte man wenigstens gleich, was man da in der Brust und in der Hand hatte, und konnte beinahe zuhören, welche Wirkung sie in einem Körper und in einem Aschenbecher hinterließen. Auf diese Weise, dachte ich, könnte man auch Kontakt knüpfen zu anderen Rauchern und eine Freundschaft zu ganz Frankreich aufbauen. Und so winkten wir uns gegenseitig zu mit diesen warmen Zigaretten, die so intensiv nach Frankreich rochen.

An so was also musste ich beim Frühstück denken. Hatte darum auch keine Zeit zu sprechen, sah stattdessen auf angenehm gemusterte Tischdecken, die ein bisschen was von Gänseblumen in sich aufgenommen hatten, die in einer Reihe wie Soldaten standen. Darauf hätte man auch sitzen können, wenn man klein genug wäre, würde man dort auch ein Picknick machen können. Ende.

Die deutsche Autobahn

Die deutsche Autobahn und ihre beiden Seiten. Die vielen Fichten und die Tannenbäume, von denen Deutschland besetzt ist, seitdem die Amerikaner es verlassen haben. »Deutschland! Deutschland!« ruft da draußen ein verirrter Fan, während es langsam irgendwo an einer Stelle auch schon wieder richtig dunkel wird. Es gibt immer eine Stelle, die schneller dunkelt als die anderen. Und wir sitzen im Auto, so als wüssten wir das nicht, sitzen geschützt, wie im Wohnzimmer; fehlt nur noch der Fernseher, der uns das alles nach innen überträgt, die deutsche Autobahn und ihre beiden Seiten, als würden wir in einem Roman sitzen, der nie fertig wird.

A Whiter Shade of Pale

Wie desinteressiert die Leute heute in mein Leben hineinschauen, es sich von der Seite oder von hinten ansehen. Und niemand spricht mit mir, als würde ich in einem Schaufenster stehen oder unter einem Stuhl liegen. Dankbar jetzt nur noch dafür, dass ich nicht mehr gebraucht werde. Baue mir, wie früher, ein Zelt aus Decken, die ich über einen Stuhl lege. Und von draußen klopft der Regen gegen die eiskalten Fensterscheiben. Heute wird niemand mehr erscheinen. Und auch die Kirchenglocken schweigen.

Karte aus dem Kongo von Kawara

An diesem Tag (grau und verhangen), kam eine Karte aus dem Kongo. Joseph Conrad wurde als Absender genannt, muss also schon länger unterwegs gewesen sein, was immer dem Postboten geschehen ist. Ein Hundebiss? So stelle ich mir das vor, wenn man mich überraschen will.

Heute ist sie endlich angekommen. *I GOT UP AT 8.13 A.M.*, stand auf der Rückseite geschrieben, auf der vorderen Seite ein See, nur ein Strich auf dem Papier, grade durchgezogen, beinahe wellenfrei (ich rahmte ihn ein), typisch On Kawara dachte ich dabei und lobte seine Einfallslosigkeit, die selbst alte Hasen in Erstaunen versetzt, währenddessen hinter mir ein Streichquartett sich dreht auf einer Scheibe. Diese Sätze, die es wert sind, abgehört zu werden und aufgehoben.

Wie glücklich ich doch bin, dass ich durch diese Straße noch nie gegangen bin.

Bis nach Aalen

Der 24. Januar ist wie der 24. November, genauso weit von Weihnachten wie von Aalen entfernt, dieselbe Stimmung, nur ein bisschen kleiner, der Sonnenaufgang noch blutiger, noch radikaler als der gestrige, meine Mutter auf der Suche nach einem Tannenbaum, der nicht absterben kann.

»The return« gelesen, 46 Seiten, und für 50 Euro mein geliebtes »Zino Davidoff«-Parfüm gekauft. Ist wie Weihnachten gewesen, eine leichte Wiederholung hebt die Stimmung, und dann senkt sie sich schon wieder. Ein Interview mit Beckenbauer wäre jetzt das Schlimmste, was uns passieren könnte. Leise fallen meine Augen zu, deine laut wie ein Garagentor.

Gestern sah ich eine Frau in hohen Stiefeln, die ihr beinahe bis zum Kinn gingen, und dann noch eine, die es gar nicht bemerkte, dass sie an mir vorbeigegangen war. Wenn du zu still bist, wird die Welt dich vergessen.

Zuletzt dann gar nichts mehr und nur eine Bank, auf die man sich hinsetzen kann.

Brodsky

Nach langer Abstinenz wieder Orangensaft getrunken. Und wie das wieder schmecken durfte! Die Strumpfhose hochgezogen, am liebsten noch mal, bis über den Bauchnabel, und rief noch mal »Tschüss« in den Raum, in dem sich dein Körper befand, unter der Dusche, und sich am Brausen berauschte. Das Gute kommt immer von oben.

In meinem Traum sind wir noch einmal spazieren gegangen, an der Giudecca entlang, es war schon spät geworden, Joseph Brodsky kam uns entgegen, den Mantel hoch über die Schultern gezogen, sodass man ihn kaum erkennen konnte. Er flüsterte: er fühle nur noch sechs Prozent von dem, was man jetzt fühlen konnte.

Eine kleine Figur

Und jetzt soll das angeblich immer so weitergehen. Selten wird es eine Überraschung geben, manchmal werdet ihr am Tisch sitzen, am gedeckten Tisch, und die Teller anreichen, danach wird der eine oder andere rauchen und dann wird noch eine Flasche aufgemacht werden. Man könnte ein paar Schritte andeuten, ganz vorsichtig, und es würde so aussehen, als ob ihr tanzt, als ob ihr für euch glücklich sein könntet. Manch einem gelingt das ja, ohne groß Theater zu machen, eine kleine Figur auszuprobieren, ganz für sich auf der Bühne – *man schließt die Augen, macht sie wieder auf und glaubt, es müsse sich inzwischen alles verändert haben.*

Der Himmel ist nicht mehr blau, oder sieht es nur so aus, vielleicht stimmt es ja gar nicht, und man fühlt sich übers Ohr gehauen mit seinen Kenntnissen von Blau.

NADA

Schon im Bett schlechte Laune gehabt, mich an meiner schlechten Laune wundgerieben und gekratzt, bewundere allerdings mein Durchhaltevermögen. Wie gern ich dann doch immer wieder an mir etwas bewundere, auch wenn es weitgehend nichts zum Bewundern gibt. Kein Strand in der Nähe. Keine Liegestühle. Und nichts womit ich punkten könnte.

Ehrlich gesagt, bin ich froh, dass ich jetzt aufstehen darf, und ich möchte ganz weit weg von hier und nichts mehr mit mir zu tun haben. Das fällt mir nicht schwer.

Am Abend dann wieder das Heimweh, das mich überkommt, wenn ich mich seh, und so geht es hin und her.

Zwiegespräch mit dem Hummer

Hinten tief in der hintersten Ecke des Restaurants kann man sich mit einem Hummer unterhalten, mit dem einzigen Lebewesen des Aquariums: einem Hummer oder einer Hummerin. Je nach Stimmung wechseln sie ihr Geschlecht, stelle ich mir vor; oder auch um Abwechslung zu haben, nehmen sie mal die männliche und mal die weibliche Rolle ein. Was wäre nur, wenn wir alle Hummer wären. Und dann kommt unser Chef Herr Z. vorbei und bestimmt, wer von uns heute Abend in den heißen Kochtopf kommt. Nach welchen Kriterien wird hier eigentlich vorgegangen, fragen die Übriggebliebenen den Personalrat? Und der Personalrat hebt die Schultern bis zum Anschlag an. Und tut so, als kenne er nicht den Speiseplan.

Hummer stützen sich auf ihre furchteinflößenden Zangen, die ihnen ja doch nichts nützen, nicht mal im Sand können sie mit ihnen Burgen bauen, und wenn es darauf ankommt, sind sie gefesselt oder eingedöst, unmittelbar vor ihrer Hinrichtung. Hätten sich wenigstens noch die beiden Gäste ansehen können, ihnen direkt in die Augen blicken müssen, um ihnen die Entscheidung richtig schwer zu machen, diesen beiden da, die – man weiß nicht aus welcher Laune heraus, vielleicht, weil sie ineinander verliebt sind, oder heute Abend noch vögeln wollen – sich Hummer bestellt haben, als Vorspiel sozusagen, statt vor dem Vorspiel schon zu vögeln, wollen sie sich heut am Hummer laben, unmissverständlich zeigen sie auf ihn, der dort ahnungslos in der Ecke liegt, im Zimmer seines Altersheims schläft, vor dunkelgrüner Tapete, die aus- bzw. angeleuchtet ist inmitten von Muscheln und vermoderten Steinen, kein Fensehgerät, nicht mal das. Wenn er Glück hat, gibt es mal eine Begegnung mit einem Landsmann, aber in der Regel nur diese Anspannung, die sich bisweilen im Kampf entlädt, dieses innere Abzählen, wen wird es heute erwischen, ihn oder mich, wahrlich ich sage dir, noch heute Abend wirst du mit mir im Paradiese sein.

Er hört die Schritte der Bedienung. Er weiß genau, wie und wohin sie geht. Sie kommen näher, die Schritte, und plötzlich ist es dunkel im Aquarium. Du lebst, denkt er, du hast überlebt, nur weil die Leute heute nicht gekommen sind, oder zu geizig waren, so viel für einen Hummer auszugeben, oder Vegetarier waren. Ein, zwei Krabben sind übriggeblieben, die Kellnerin wirft sie in das Bassin und macht das Licht aus, hat das Licht ausgemacht, hat für heute Feierabend, hat schon die Kluft ausgezogen und macht die Alarmanlage scharf, damit sie dich nicht stehlen über Nacht.

Vom Torwarten

Immer wieder versuche ich, den Ball abzuschlagen, den Ball wieder ins Spielfeld zu bringen (möglichst weit weg von mir). Aber der Ball ist zu schwer für mich, oder ich treffe ihn nicht, oder ich habe zu wenig Kraft im Fuß; jedenfalls kommt er immer wieder zurück, als würde ich ihn magnetisch anziehen – und so habe ich keine Zeit, auf die Mädchen zu sehen, die hinter meinem Tor stehen. Die immer noch hinter meinem Tor stehen. Es ist immer das Gleiche. Und es ist auch gut so. Dieses Spiel soll auf der Stelle stehen bleiben. Und die Uhren müssen angehalten werden. Und später würden wir uns die Fußballfelder bestimmt wieder ansehen, wo ich im Tor stand. Ich würde meine Frau mitnehmen und ihr noch einmal die alten Paraden zeigen, und dabei starre ich auf die Fensterscheibe und sehe in den Regen und denke, wie schön es ist, dass es einem vergönnt ist, ewig zu leben.

Nachsatz

Minimalisten haben es in der deutschen Literatur schwer, obwohl hier die Kalendergeschichte erfunden wurde und die Kleist'sche Anekdote und das wunderbare Feuilleton eines Alfred Polgar. Lauter schweifende Formen, die dem Blick Auslauf ließen, die Epiphanie zuließen und den plötzlichen Augenblick bevorzugten. Der Passant hat diese Literatur hervorgebracht, der Blickebettler, der auf seinen ruhelosen Spaziergängen durch die Welt die eine besondere Situation erleben will, die bei ihm die Fenster aufstößt. Er ist das Gegenteil des breiten Erzählers, der seinen Stoff ausbreitet in der Hoffnung, dass alle Fugen ausgefüllt sind und keine Ritze bleibt, durch die die Luft der freien Assoziation strömen kann. Wer auf der Straße springt, macht sich verdächtig. Wer den Blick von einem Ding zum andern springen lässt, macht sich der Abschweifung verdächtig und wird gerügt, schon in der Schule: Bitte konzentrieren Sie sich, wenn Sie versetzt werden wollen.

Aber manche wollen einfach nicht versetzt werden! Ihnen ist die Welt zu bunt und zu chaotisch, um ihren Blick auf eine Sache zu fokussieren. Sie sind unangepasst und wollen einfach nicht verstehen, dass angeblich alles seine Ordnung hat, wo doch jeder sieht, dass blanke Unordnung herrscht. Der Mensch ist das einzige Lebewesen, das immer etwas stattdessen tut, hat (sinngemäß) der Philosoph Odo Marquard gesagt, und wenn er einen Beleg für seine These braucht, dann findet er sie in den Abschweifungen von Klaus Johannes Thies. Auf den Ernst der Lage antwortet er mit wunderbaren Albernheiten, aber wenn es ihm zu bunt wird, kann er sehr ernst werden. Die Überraschung ist seine Stärke, der Moment, an dem etwas umzukippen droht. Er ist für die Sachen zuständig, für die sich keiner richtig zuständig fühlt, heißt es in einer seiner haarsträubenden Geschichten.

Wo ist sein Platz in der Literatur? »Damit jeder weiß, wo ich sitze,« – schreibt er – »erhebe ich mich kurz und setze mich gleich wieder hin.« Nur nicht auffallen, keine große Rolle spielen. Aber wenn er einmal den Kleist-Preis (oder einen anderen Preis) erhält, dann können alle, die sein Buch gelesen haben, sagen, sie hätten schon immer gewusst, wo der Autor gesessen ist.

Michael Krüger

Inhaltsverzeichnis

Erstausgabe

www.edition-azur.de

Gestaltung: Kraft plus Wiechmann · Berlin
Satz: n-zwo · Dresden

ISBN 978-3-942375-19-1